ÉLÉMENS

DE

MATHÉMATIQUES,

DIVISÉS EN DEUX PARTIES;

Contenant les Principes raisonnés d'Arithmétique & d'Algèbre, & les Élémens de Géométrie;

Pour servir d'introduction aux Leçons de Physique.

Par M. LECOQUIERRE, ancien Professeur de Philosophie.

Nouvelle Édition, revue & augmentée.

SECONDE PARTIE.

A CAEN,

Chez G. LEROY, Imprimeur du Roi, Hôtel des Monnoies.

M. DCC. LXXXIV.

Avec Approbation & Privilége du Roi.

ÉLÉMENS

DE GEOMETRIE.

LA Géométrie traite de l'étendue & de ses différens rapports.

L'étendue peut être considérée en longueur, largeur & profondeur.

L'étendue considérée en longueur s'appelle *ligne*, en longueur & largeur *surface*; & en longueur, largeur & profondeur, elle prend le nom de *solide* ou corps.

Nous allons parler de ces trois rapports de l'étendue, & nous y ajouterons un traité de Trigonométrie rectiligne & sphérique.

LIVRE PREMIER

Des Lignes.

LA ligne peut être définie *l'évolution d'un point*; car en effet, si on conçoit un point rouler sur un plan, la trace qu'il forme est une ligne.

On peut définir le point *une petite partie d'étendue* considérée, comme n'en ayant aucune.

On distingue deux sortes de ligne : la ligne droite & la ligne courbe.

3. La ligne droite est celle dont tous les points font dans la même direction. La ligne courbe est celle dont la direction change à chaque point. Ainsi AB fig. 1, est une ligne droite ; & ABC fig. 2, est une ligne courbe.

4. Il est évident qu'on ne peut tirer qu'une seule ligne droite d'un point donné à un autre point ; car, comme tous les points d'une ligne droite font dans la même direction, si deux lignes droites avoient deux points communs, tous les autres le feroient aussi, & par conséquent elles se confondroient, & ne formeroient plus qu'une seule & même ligne. Mais on peut tirer une infinité de lignes courbes d'un point donné à un autre, parce qu'elles peuvent s'écarter plus les unes que les autres de la ligne droite, & se terminer néanmoins aux mêmes points. La ligne droite est la plus courte qu'on puisse tirer d'un point à un autre, puisque toute ligne courbe s'écarte de la direction qui marque la distance entre deux points.

On voit encore qu'une ligne droite ne peut en couper une autre qu'en un seul point ; parce qu'elles se confondroient si elles avoient deux points communs.

5. Quand deux lignes droites font également éloignées l'une de l'autre dans tous leurs points correspondans, on les nomme *parallèles*. Ainsi les

lignes AB & CD figure 3, font parallèles. Pour tirer une ligne parallèle à une autre donnée, par exemple pour tirer AB parallèle à CD, on prend deux points à volonté sur la ligne donnée, comme les points C & D, desquels & de la même ouverture de compas, on décrit deux petits arcs, sur lesquels on fait passer la seconde ligne AB, qui sera nécessairement parallèle à la première, puisqu'elle aura deux points, c'est-à-dire, la partie supérieure des deux arcs, également éloignés des deux points C & D de cette ligne ; ce qui suffit pour que les deux lignes soient parallèles, tous les autres points étant dans la même direction.

Si on donnoit un point par lequel il faudroit faire passer la parallèle, on s'y prendroit de la manière suivante.

Je suppose qu'on demande de faire passer par le point B une ligne parallèle à CD fig. 4, on mettroit une pointe de compas sur le point D, d'où l'on décriroit l'arc AC ; ensuite du point C on décriroit un autre arc BD, & portant la distance BD de C vers A on feroit passer la ligne par les deux points A & B, elle se trouveroit nécessairement parallèle à CD, puisqu'elle auroit deux points également éloignés de C & D. Nous renvoyons les autres propriétés des parallèles à un autre article.

Des Lignes Courbes.

De toutes les lignes courbes, nous ne considé-

rerons ici que la circonférence du cercle & les lignes qui y ont rapport.

6. On appelle *circonférence* une ligne courbe dont
les deux extrémités se joignent, & dont tous les
points sont également éloignés d'un point pris sur
le plan du cercle, & qu'on nomme *centre*. Ainsi
la ligne BCFDG fig. 5., est une circonférence dont
le point A est le centre.

7. Toutes les lignes droites tirées du centre à
la circonférence s'appellent *rayons*, & tous les rayons
du même cercle sont égaux, puisque la distance du
centre à tous les points de la circonférence est la
même. Ainsi les rayons AD, AF, AE, &c. sont
tous égaux.

On appelle *diamètre* une ligne droite qui, paſ-
sant par le centre est terminée de part & d'autre
par la circonférence. Tous les diamètres du même
cercle sont égaux, puisqu'ils sont composés de
rayons égaux. On peut dire la même chose des
rayons ou des diamètres de cercles égaux.

8. Il est encore évident que le diamètre coupe
la circonférence en deux parties égales ; car si on
conçoit la figure pliée de façon que le diamètre
soit dans le pli, tous les points d'un côté doivent
s'appliquer sur les points correspondans de l'autre ;
autrement il y auroit des points de la circonférence
plus éloignés du centre les uns que les autres.

On appelle *arc* une portion quelconque de la
circonférence, comme GD & DF.

On nomme *cercle* l'espace renfermé par la circonférence.

On donne le nom de *corde* à toute ligne droite qui va de l'extrémité d'un arc à l'autre, ou qui est terminée des deux côtés par la circonférence.

9. Il est aisé de voir que les cordes égales du même cercle, ou de cercle égaux, soutiennent des arcs égaux, & réciproquement que des arcs égaux sont soutenus par des cordes égales, & qu'ainsi la corde DE étant supposée égale à la corde EB, les arcs EFD & ECB seront nécessairement égaux: car le point E étant commun, si on conçoit les deux cordes couchées l'une sur l'autre, le point B se trouvera sur le point D. Donc tous les autres points de deux arcs seront les uns sur les autres, autrement tous les points de la circonférence ne seroient plus également éloignés du centre.

10. Il est encore évident, par la même raison, que deux cordes également éloignées du diamètre sont égales, puisque pour lors elles soutiennent des arcs égaux.

On est convenu de partager toute circonférence de cercle en 360 parties égales, qu'on nomme *dégrés*, chaque dégré en 60 minutes, chaque minute en 60 secondes, chaque seconde en 60 tierces, &c.

Des Angles.

11. On appelle *angle*, l'ouverture que forment deux lignes qui se coupent en un point, qu'on nomme

A iv

8   É L É M E N S

le sommet de l'angle. Ainsi les lignes AD & AF fig.
5, forment par leur ouverture l'angle FAD.

Nota. Quand on parle d'un angle, on peut le
désigner simplement par la lettre qui est à son sommet, & si on en met trois, il faut que celle qui est
au sommet, tienne le milieu entre les deux autres.

12. Il est clair que si l'ouverture que forment
deux lignes, étoit plus grande ou plus petite, l'arc
compris entr'elles seroit aussi plus grand ou plus
petit, c'est-à-dire, auroit plus ou moins de dégrés :
c'est pourquoi on mesure un angle par le nombre
de dégrés de l'arc compris entre les deux côtés de
l'angle, en supposant le centre de cet arc au sommet de l'angle.

La longueur des côtés ne fait rien à la grandeur
de l'angle, parce que l'arc qui le mesure a toujours
le même nombre de dégrés, l'ouverture étant une fois
commencée, quand même on prolongeroit les côtés
à l'infini.

On voit par là, que pour couper un angle en
deux, en trois, &c. il suffit de diviser l'arc en
autant de parties, & de faire passer par ces divi-
sions, des lignes qui partent du centre de l'arc.

On distingue trois sortes d'angles, le *droit*, *l'aigu*
& *l'obtus*.

L'angle *droit* est celui qui a pour mesure 90
dégrés, ou le quart de la circonférence, & dont
par conséquent les côtés sont perpendiculaires l'un
sur l'autre, comme EAD, fig. 5.

l'angle *aigu* est celui qui a moins d'ouverture que le droit, comme FAD.

L'angle *obtus* est celui qui est plus ouvert que le droit, comme CAD.

On appelle *complément* d'un angle ou d'un arc, ce qu'il faut y ajoûter pour avoir 90 dégrés, quand il en a moins, ou ce qu'il faut en retrancher s'il en a plus. Ainsi l'angle EAF est le *complément* de l'angle aigu FAD, & l'angle EAC est le *complément* de l'angle obtus CAD.

Le *supplément* d'un angle est ce qu'il faut y ajoûter, pour avoir deux angles droits ou 180 dégrés.

13. Les deux angles que forme une ligne droite en tombant sur une autre, sont supplément l'un de l'autre, & on appelle ces angles *collatéraux*. Ainsi les deux angles collatéraux, FAD & BAF, sont supplément l'un de l'autre. En effet, du point A d'intersection, on peut toujours décrire une circonférence dont BD seroit le diamètre. Par consé-quent les deux angles renferment entre leurs côtés la demie circonférence DF & FB, qui est la mesure de deux angles droits.

14. Par une raison semblable, tous les angles que forment ensemble plusieurs lignes droites qui se coupent dans un même point, valent ensemble quatre angles droits. En effet, si du point d'inter-section on décrit une circonférence, elle mesurera tous les angles formés entre ces lignes.

15. Deux angles qui ont le même supplément

font égaux ; car s'ils ont le même supplément,
leur différence à 180°. est donc la même, ce qui
ne peut être sans qu'ils soient égaux entr'eux, ce
qui est évident.

16. De ce principe il s'ensuit que deux angles
opposés au sommet qui sont formés par deux lignes
prolongées au-delà de leur intersection sont égaux
entr'eux. Soient par exmple les angles DAG &
BAC fig. 5 : or, je dis que ces deux angles sont
égaux ; car la ligne GC étant un diamètre, l'angle
DAC est le supplément de DAG : mais BD étant
aussi un diamètre, l'angle DAC est encore supplément de BAC. Donc les deux angles ont le même
supplément. Donc ils sont égaux.

Cette démonstration peut toujours avoir lieu
toutes les fois qu'on aura deux angles opposés au
sommet, parce qu'on pourra toujours décrire une
circonférence dont le centre sera sur le sommet des
deux angles.

Des Lignes perpendiculaires & obliques.

17. On appelle *perpendiculaire*, une ligne qui
tombe sur une autre, sans pencher plus d'un côté
que de l'autre. La ligne *oblique* au contraire, est
celle qui penche plus d'un côté que de l'autre. Ainsi la ligne AEB fig. 6, est *perpendiculaire* sur CD,
& les lignes AG, AC & AF sont obliques.

18. Lors qu'une ligne est perpendiculaire sur une
autre, tous ses points doivent être également éloi-

gnés de deux points pris sur l'autre à égale distance du point d'intersection : car, supposons que F & G soient deux points à égale distance de E, tous les points de la perpendiculaire AB doivent être également éloignés de F & de G. En effet, si un de ses points approchoit plus, par exemple du point F, la ligne pencheroit plus de ce côté-là, & dès là même elle ne seroit plus perpendiculaire. Par la même raison, pour qu'une ligne soit perpendiculaire sur une autre, il suffit qu'elle passe par deux points également éloignés de deux points donnés sur l'autre ligne, parce que tous ses points étant dans la même direction, si deux sont à égale distance de deux points donnés sur l'autre, tous le seront également.

19. Il s'ensuit de ces principes 1°. qu'on ne peut élever qu'une seule perpendiculaire sur un point donné d'une ligne, par exemple sur le point E ; car toute autre ligne distinguée de AB iroit à droite ou à gauche du point A, donc elle pencheroit vers F ou vers G.

20. 2°. Qu'on ne peut abbaisser qu'une seule perpendiculaire d'un point donné hors de la ligne, sur laquelle on veut faire tomber la perpendiculaire. Par exemple, du point A on ne peut abaisser que la perpendiculaire AB sur CD. Toute autre ligne en effet, iroit à droite ou à gauche du point E, & ne passeroit plus par un point également éloigné de F & de G.

3°. Pour élever une perpendiculaire sur un point donné, par exemple, sur le point E de la ligne CD, il faut prendre avec le compas deux points également éloignés de E, comme F & G, ensuite ouvrant le compas à volonté, & en mettant successivement une pointe sur F & sur G d'écrire deux petits arcs vers A, la ligne qui passera par l'intersection de ces deux arcs, & par le point E sera perpendiculaire sur CD, puisqu'elle aura deux points A & E, également distans de F & de G.

4°. Pour abaisser une perpendiculaire d'un point donné hors de la ligne, sur laquelle on veut la faire tomber, comme du point A, on mettra une pointe de compas sur ce point, & de l'autre on coupera à deux endroits la ligne CD, comme aux points F & G; ensuite de ces deux points, on décrira deux petits arcs vers B, la ligne qui passera par le point A, & par l'intersection des deux arcs fera nécessairement perpendiculaire, puisque ces deux points sont également éloignés de F & de G.

21. Les lignes obliques, qui partant du même point s'écartent également de la perpendiculaire ont égales. Plus les lignes s'écarteront, plus elles feront longues, & en général toute ligne oblique est plus longue qu'une perpendiculaire abaissée du même point sur la même ligne.

1°. Les lignes obliques également éloignées de a perpendiculaire font égales. Supposons, par exemple, qu'on prenne les deux lignes AF & AG, éga-

lement éloignées de la perpendiculaire AE : je dis
que ces deux lignes font égales ; car fi on fuppofe
la figure pliée fur la perpendiculaire, les deux points
F & G feront l'un fur l'autre, puifqu'on les fuppofe également éloignés du point E. Donc les deux
obliques fe trouveront couchées l'une fur l'autre
dans toute leur longueur, ce qui ne peut être fans
qu'elles foient égales.

2°. L'oblique la plus éloignée de la perpendiculaire eft la plus longue comme ici la ligne AC
eft plus longue que AF. Car le point C étant
plus éloigné du point E que le point F, il fera
auffi plus éloigné de tous les autres points de la
perpendiculaire, & par conféquent du point A.
Donc la ligne AC qui mefure cette diftance fera
plus longue que la ligne AF qui mefure la diftance
du point F au même point A.

22. 3°. Toute oblique eft plus longue qu'une perpendiculaire abbaiffée du même point fur la même
ligne : car fi les lignes obliques diminuent toujours
à proportion qu'elles s'approchent de la perpendiculaire, comme nous venons de le voir, il s'enfuit néceffairement qu'elles feront le plus courtes
poffible, quand elles fe confondront avec elles, &
que celles qui n'y feront pas encore tout-à-fait
confondues feront toujours plus longues.

Des lignes Parallèles.

Nous avons déja dit (5) ce qu'on entend par
des lignes parallèles.

23. Lorsque deux lignes parallèles, comme AB, CD fig. 7, font coupées par une troisième EF, qu'on nomme sécante. 1°. Les angles que les parallèles forment avec cette ligne du même côté, & également au-dessus ou au-dessous des parallèles, & qu'on nomme *correspondans* comme G & P, ou N & L, &c. font égaux. En effet, puisque les deux parallèles n'ont aucune inclinaison entr'elles, leur inclinaison fur la sécante doit être la même pour les deux, & former par conséquent des angles égaux.

24. 2°. Les angles *alternes-internes*, c'est-à-dire qui font compris entre les parallèles chacun de leur côté de la sécante, l'un en haut l'autre en bas, comme O & P font égaux : car O=G, puisqu'ils font opposés au sommet (16). G=P, puisqu'ils font correspondans (23). Donc O=P.

25. 3°. Les angles *alternes-externes*, c'est-à-dire qui font chacun de leur côté de la sécante, l'un au-dessus, l'autre au-dessous des parallèles, comme I & L, font égaux. Car I=N, puisqu'ils font opposés au sommet. N=L, puisqu'ils font correspondans. Donc I=L. On démontreroit de même que G=H.

26. 4°. Les angles intérieurs du même côté de la sécante, comme N & P font supplément l'un de l'autre. Car N=L, puisqu'ils font correspondans ; L+P=180° puisqu'ils font collatéraux (13). Donc N+P=180°. On démontreroit de même que les

extérieurs G & L font fupplément l'un de l'autre,
puifque G=P, étant correfpondans, & que P+L
=180° étant collatéraux.

27. Ces propriétés ont toujours lieu, lorfque
deux lignes parallèles font coupées par une fécante,
& réciproquement lorfque quelques-unes de ces propriétés fe rencontrent, les lignes font parallèles,
ce qui s'entendra facilement par ce que nous venons de dire.

Des lignes confidérées par rapport au Cercle.

28. 1°. Il eft évident qu'une ligne droite ne peut
couper une circonférence en plus de deux points,
puifque la direction d'un courbe change à chaque
point, & que celle de la ligne droite refte toujours
la même.

29. 2°. Les plus longues cordes foutiennent de
plus grands arcs & réciproquement, ce qui eft évident à caufe de l'uniformité de la courbure de la
circonférence, dont deux côtés vont toujours en
s'écartant de plus en plus d'un diamètre qu'on fup-
poferoit entre deux points correfpondans, jufqu'à
ce qu'ils parviennent à un diamètre perpendiculaire au premier avec lequel la corde fe trouveroit
pour lors confondue. Par exemple, dans la fig. 5
fi on prend deux points de la circonférence des
deux côtés du point E, & qu'on les fuppofe def-

cendre également, ils s'écarteront de plus en plus
jufqu'à ce qu'ils rencontrent le diamètre DB.

30. 3°. Toute ligne qui paffe par le centre d'un
cercle, & qui eft perpendiculaire fur la corde, la
coupe néceffairement en deux parties égales, auffi
bien que l'arc foutenu par la corde, comme la ligne CE fig. 8. En effet, puifque cette ligne paffe
par le centre, elle a le point C également éloigné
des points A & B. Mais puifqu'elle eft fuppofée
perpendiculaire fur la corde, tous fes autres points
feront également éloignés de A & B. Donc le point
D où elle coupe la corde & le point E, où elle coupe
l'arc feront également éloignés des extrémités A &
B, ce qui ne peut être fans que le point D foit le milieu de la corde, & le point E le milieu de l'arc. Par
la même raifon, fi une ligne coupe la corde ou l'arc
en deux, & qu'elle foit perpendiculaire, elle paffera
néceffairement par le centre, puifqu'ayant déja un
point également éloigné des deux extrémités de
l'arc ou de la corde, elle doit paffer par tous les
points également éloignés de ces extrémités, du nombre defquels eft le centre.

Enfin, fi elle paffe par le centre & qu'elle coupe
la corde ou l'arc en deux, elle fera perpendiculaire fur la corde, puifqu'ayant pour lors deux de
fes points également éloignés des extrémités de la
corde, les autres le feront néceffairement.

31. De ces principes on déduit facilement la

méthode de couper un angle ou un arc en deux, de faire passer une circonférence par trois points donnés, qui ne soient pas dans la même direction, & de trouver le centre d'un arc.

1°. Je suppose qu'on ait à couper en deux l'angle BAC fig. 9. On décrira du sommet A comme centre & d'une ouverture de compas à volonté l'arc DGE; ensuite des points D & E, les petits arcs qui se coupent au point F. Si on fait passer une ligne par les points A & F, elle coupera l'angle BAC & l'arc DGE en deux parties égales, puisque si on tiroit une corde pour soutenir l'arc, la ligne AF seroit perpendiculaire sur cette corde, ayant les points A & F également éloignés de D & E.

2°. Je suppose qu'on ait les trois points D, E, B fig. 5, par lesquels on veut faire passer une circonférence; on tirera les deux lignes DE & BE, sur le milieu desquelles on élevera les perpendiculaires FA & CA : le point où elles se rencontreront sera le centre d'où l'on décrira la circonférence qui passera par les points B, E, D. Car par l'opération les lignes DE & BE deviennent des cordes, & les lignes FA & CA étant perpendiculaires sur le milieu de ces cordes, elles doivent nécessairement passer par le centre (30). Donc le point où elles se coupent doit être le centre de la circonférence.

3°. Pour trouver le centre d'un arc, on prendra

trois points fur cet arc & on fera les opérations
précédentes : il eſt évident qu'on trouvera le centre de l'arc en trouvant celui de la circonférence
qui doit paſſer par ces trois points.

On appelle *ſécante* une ligne qui telle qu'elle eſt
ou prolongée, coupe la circonférence en deux points
comme ACB fig. 10, qui coupe la circonférence
aux points A & D. Quand elle a une partie en dehors du cercle on l'appelle *ſécante extérieure*, & *ſé-*
cante intérieure, quand elle ne ſort point du cercle.

32. On nomme *tangente* une ligne qui touche la
circonférence ſans la couper, ou ſans entrer dans
le cercle, quoiqu'on la prolonge de part & d'autre
comme EGF fig. 10. Cette ligne ne touche la circonférence qu'en un ſeul point ; parce que ſi elle
la touchoit en deux, elle ſeroit pour lors ſécante.

La tangente eſt toujours perpendiculaire à un
rayon tiré du centre au point de contingence ; car
ſi elle n'étoit pas perpendiculaire ſur ce rayon, le
rayon ſeroit pour lors une ligne oblique ſur la tangente. Donc du centre on pourroit tirer à la tangente une ligne plus courte que le rayon, puiſqu'on pourroit y abbaiſſer une perpendiculaire, qui
eſt toujours plus courte qu'une oblique (22). Donc
le point ou cette perpendiculaire rencontreroit la
tangente ſeroit dans le cercle. Donc elle ceſſeroit
d'être tangente & deviendroit ſécante.

33. On ne peut faire paſſer aucune ligne droite
entre la circonférence & la tangente, c'eſt-à-dire,

que toute autre ligne droite distinguée de la tangente & qui auroit le point de contingence commun avec la circonférence entrera nécessairement
dans le cercle. Car toute ligne distinguée de la tangente deviendra nécessairement oblique sur le rayon,
comme la ligne PH. Donc du centre on pourra tirer
sur cette ligne une autre plus courte que le rayon
comme CI perpendiculaire sur PH. Donc le point I,
où ces deux lignes se rencontreront sera dans le
cercle; & par conséquent la ligne PH ne passera
point entre la circonférence & la tangente.

On peut conclure de cette proposition, que l'angle qu'on appelle *de contingence*, c'est-à-dire, l'angle formé entre la circonférence & la tangente est
infiniment petit, puisqu'il est moins ouvert que le
plus petit possible formé par deux lignes droites qui
se couperoient au point de contingence, une de ces
lignes devant nécessairement entrer dans le cercle
comme nous venons de le démontrer.

34. Cela n'empêche pas qu'on ne puisse faire passer
une infinité de lignes circulaires par le point de
contingence, entre la circonférence & la tangente,
& qui n'aient d'autre point commun que celui de
contingence. Car je suppose qu'on prolonge le rayon
GC jusqu'en N, & que du point N on décrive l'arc
LGM, il faut faire voir que cet arc n'a aucun autre
point commun avec la circonférence ou la tangente
que le point G.

1°, Cet arc n'a aucun autre point commun avec

la tangente que le point G. Car on peut dire la même chofe de tout autre point de la tangente diftin-
gué de G que du point O ; or, ce point n'eft point
commun à la tangente & à l'arc ; car fi on tire la
ligne NO elle fera oblique fur la tangente : donc
elle fera plus longue que le rayon NG ; & par conféquent le point O fortira de l'arc.

2°. Il n'y a point d'autre point commun entre la
petite circonférence & le grand arc que le point G ;
car je fuppofe qu'on prenne le point M : or ce point
n'eft point commun ; mais il fort de la petite circonférence. En effet, fi on prolonge le rayon GC
jufqu'en N, comme ci-deffus, & qu'on tire la ligne NM, les deux lignes NG & NM feront égales, puifque ce font deux rayons du grand arc. Si
on tire enfuite la ligne CM, on aura NCM, plus
longue évidemment que NM, & par conféquent
que NCG. La portion NC eft commune à NCM &
à NCG. Donc CM eft plus longue que CG, donc
puifque CG eft un rayon de la petite circonférence, l'extrémité M fe trouvera néceffairement hors
de cette circonférence. On démontreroit la même
chofe de tout autre point du grand arc.

De ce que nous avons dit, il eft facile de conclure la méthode de tirer une tangente fur un point
donné de la circonférence ; car puifque toute tangente eft perpendiculaire à un rayon, il s'enfuit,
que fi du point donné on tire un rayon au centre
& qu'on éleve une perpendiculaire fur ce rayon,

au point où il touche la circonférence, cette ligne sera nécessairement tangente.

35. Si deux tangentes sont parallèles entr'elles
les arcs compris de part & d'autre sont égaux ; car
une tangente étant perpendiculaire à un rayon, si
deux tangentes sont parallèles, elles seront nécessairement perpendiculaires sur les deux extrémités
du même diamètre qui partage la circonférence en
deux parties égales, comme on le voit fig. 11.

36. On peut dire la même chose d'une tangente
& d'une corde, ou de deux cordes parallèles ; elles
interceptent nécessairement des arcs égaux.

1°. Si on prend une tangente & une corde, comme
IK & CD, car le diamètre EF passant par le centre, & étant perpendiculaire sur la tangente, le
fera aussi sur la corde. Donc il coupera l'arc IFK
en deux parties égales (30). On diroit la même
chose de toute autre corde.

2°. Si on prend deux cordes parallèles, comme GH & IK, elles intercepteront encore des
arcs égaux ; car les arcs compris entre la corde in-
férieure & la tangente sont égaux, comme nous venons de voir ; il faut dire la même chose des su-
périeurs. Donc les arcs compris entre les deux cordes, qui sont le reste des deux demi circonférences de part & d'autre seront nécessairement égaux.

Des angles considérés par rapport au Cercle.

Les angles qui ont rapport au cercle peuvent avoir leur sommet au centre du cercle, sur la circonférence, ou hors de la circonférence en dedans ou en dehors du cercle.

1°. Nous avons déja vu (12) que les angles qui ont leur sommet au centre du cercle, ont pour mesure l'arc compris entre leurs côtés.

2°. Les angles qui ont leur sommet sur la circonférence, peuvent être formés par deux cordes, par une tangente & une corde, ou par une corde & une sécante extérieure.

37. Les angles formés par deux cordes, & qu'on appelle *angles inscrits* ont pour mesure la moitié de l'arc compris entre leurs côtés. Il peut arriver trois cas différens, ou qu'un des côtés passe par le centre du cercle, ou que le centre se trouve entre les deux côtés, ou enfin que le centre soit hors de l'angle.

Si un des côtés passe par le centre comme BFD fig. 12, qu'on tire la ligne IH parallèle au côté BF: & qui passe par le centre. On aura l'angle ICD qui a pour mesure l'arc ID, compris entre ses côtés. Donc l'angle correspondant BFD aura aussi la même mesure (24). Il reste à faire voir que ID est la moitié de BD, où ce qui est la même chose que BI = ID, ce qui est clair; car IH = ID, puisque ces deux arcs sont la mesure de deux angles opposés au sommet (16) : BI=FH, puisque ce sont deux arcs compris entre deux parallèles (36) Donc BI= ID. Donc l'angle BFD, qui a pour mesure ID, aura pour mesure la moitié de l'arc BD compris entre ses côtés.

Si le centre est entre les deux côtés de l'angle comme BFE, il aura pour mesure également la moitié de BE, compris entre ses côtés ; car si on tire la ligne FD qui passe par le centre, l'angle BFD a pour mesure la moitié de BD, comme on vient de voir. L'angle DFE a également pour mesure la moitié de DE, ce qu'on démontreroit de la même manière en tirant la ligne GL parallèle à FE. Donc l'angle BFE qui contient les deux autres, aura pour mesure la moitié de BD+DE, c'est-à-dire la moitié de BE, compris entre ses côtés.

Si le centre est hors de l'angle comme AFB, cet angle aura pour mesure la moitié de AB ; car si on tire la ligne FD qui passe par le centre, l'angle AFD aura pour mesure la moitié de ABD ; l'angle BFD a déja pour mesure la moitié de BD, comme nous avons vu. Donc l'angle AFD aura pour mesure la moitié de AB, différence entre AD & BD.

38. Il s'ensuit de ces propositions 1°. Que tout angle qui a son sommet sur la circonférence & qui est appuyé sur un diamètre, comme BAD, ou BCD fig. 13 est droit, puisqu'il a pour mesure la moitié de la demi-circonférence comprise entre ses côtés ; 2° que

tous les angles infcrits appuyés fur le même arc
font égaux, puifqu'ils ont également pour mefure
la moitié du même arc.

On peut encore fe fervir de ce principe pour
tirer une tangente d'un point donné hors du cercle. Je fuppofe qu'on veut tirer du point A une
tangente fur la circonférence dont C eft le centre
fig. 14. Du point A qu'on tire au point C la ligne
AC; enfuite du point D moitié de AC qu'on décrive une autre circonférence qui paffe par le point
C & qui coupe la première au point B. Si de ce
point d'interfection on tire la ligne BA elle fera
tangente, puifqu'elle forme avec le rayon BC l'angle CBA, appuyé fur le diamètre CA, & qui par
conféquent eft droit.

On peut auffi appliquer le même principe pour
élever une perpendiculaire fur l'extrémité d'une ligne. Je fuppofe, par exemple, qu'il s'agit d'élever
une perpendiculaire fur l'extrémité B de la ligne AB
fig. 15, qu'on prenne un point à volonté, hors
de cette ligne, comme le point C. De ce point
comme centre qu'on décrive une circonférence qui
paffe par le point B, & qui coupe la ligne en un
autre point, comme au point D. De ce point d'interfection qu'on tire une ligne qui paffe par le centre C. Si du point E où cette ligne coupe la circonférence, on tire une ligne au point B; elle fera
perpendiculaire à la ligne AB, puifqu'elle formera
avec elle l'angle infcrit DBE appuyé fur un diamètre.

32

39. Les angles formés par une tangente & par une corde, qu'on appelle autrement *angles du segment*, ont pour mesure la moitié de l'arc soutenu par la corde. Par exemple, l'angle BAD fig. 16 a pour mesure la moitié de l'arc AD : car si on tire la ligne DC parallèle à BAE, on aura l'angle inscrit ADC, qui a pour mesure la moitié de AC compris entre ses côtés. L'angle BAD alterne-interne lui est égale, & a par conséquent la même mesure, c'est-à-dire la moitié de AC : mais AD=AC, puisque ce sont deux arcs compris entre des parallèles. Donc BAD a pour mesure la moitié de l'arc AD soutenu par la corde.

On démontreroit de même que DAE a pour mesure la moitié du grand arc ACD : car les angles PAD & DAE étant collatéraux sont supplément l'un de l'autre (13) BAD à pour mesure la moitié de AD Donc DAE a pour mesure la moitié du reste de la circonférence, c'est-à-dire ACD.

40. Un angle formé par une corde & une sécante extérieure, a pour mesure la moitié de l'arc soutenu par les deux cordes, si on prolonge la sécante & qu'on forme une autre corde par son prolongement. Par exemple, l'angle BAD fig. 17, a pour mesure la moitié de CA+AB, car l'angle CAB est le supplément de BAD ; or CAB a pour mesure la moitié de CB. Donc son supplément a pour mesure la moitié dn reste, c'est-à-d re de CA+AB.

41. 3°. Les angles qui ont leur sommet entre le

centre & la circonférence, ont pour mesure la
moitié des arcs compris de part & d'autre entre
leurs côtés prolongés. Par exemple, l'angle BAD fig.
18, a pour mesure la moitié des arcs BD & EF, compris entre les côtés prolongés jusqu'aux points E & F.
Car l'angle BAD$=$BFG formé par le côté BA prolongé
& par la corde FG parallèle à AD (24). L'angle
BFG a pour mesure la moitié BD$+$DG, compris
entre ses côtés : mais DG$=$EF, puisqu'ils sont compris entre deux parallèles. Donc BAD a pour mesure la moitié de BD$+$EF.

42. 4°. Les angles qui ont leur sommet hors du
cercle ont pour mesure la moitié de la différence
entre l'arc convexe & l'arc concave. (On appelle
arc convexe celui qui est vers le sommet de l'angle
& *arc concave* celui qui lui est opposé.) Ainsi l'angle BAD fig. 19, a pour mesure la moitié de la
différence entre BD & EG. Car si on tire la ligne
EF, on aura l'angle inscrit BEF, qui a pour mesure la moitié de BF ou de BD$-$DF. Donc BAD
qui est correspondant, aura la même mesure : mais
DF$=$EG compris entre deux parallèles. Donc BAD
aura pour mesure la moitié de BD$-$EG.

La même chose arrive, soit que les deux côtés
de l'angle soient formés par deux sécantes, ou par
une sécante & une tangente, ou enfin par deux tangentes, comme on peut le voir dans les fig. 19,
20, 21 ; parce que dans tous ces cas la ligne EF
qu'on peut toujours tirer parallèle à un des côtés,

formé un angle, qui a pour mesure la moitié de l'arc compris entre ses côtés.

De ce que nous avons dit des angles inscrits, on peut déduire la méthode de faire passer une ligne par trois points donnés, quoiqu'on ne puisse avoir le centre de la circonférence.

Suppofons par exemple qu'on ait à faire passer une circonférence par les trois points A, B, C fig. 22. Qu'on fixe deux règles ensemble pour former un angle, dont le sommet soit au point A, & les deux côtés fur les points B & C. Si on fait enfuite mouvoir ces règles, enforte cependant que les deux côtés touchent toujours les points B & C, le sommet décrira la circonférence en queftion; puisque l'angle reftant toujours le même, & toujours appuyé fur le même arc compris entre B & C, il doit néceffairement être inscrit, ou avoir fon sommet fur la circonférence.

On peut encore fe fervir de la même méthode pour décrire un arc d'un nombre de dégrés propofé entre deux points donnés. Pour cet effet, on retranchera de trois cens foixante, le nombre de dégrés que l'arc doit avoir, & prenant la moitié du refte on ouvrira les deux règles de manière qu'elles faffent un angle égal à cette moitié. Fixant alors les deux règles, & les faifant tourner au tou des deux points donnés B & C, l'arc BAC, que le sommet décrira dans ce mouvement, fera du nombre de dégrés propofé; ce

B ij

qui est évident, puisque l'angle BAC, qui est inscrit doit avoir pour mesure la moitié de l'arc
compris entre ses côtés, & qui par l'hypothèse est
la différence entre toute la circonférence & le nombre de dégrés proposé pour l'arc BAC, qui est
hors des côtés de l'angle.

Des lignes droites qui renferment un espace.

43. Il n'est pas possible qu'un espace se trouve
renfermé par moins de trois lignes, & on appelle
pour lors cette figure *triangle*, & on donne en général le nom de *polygone* à une figure terminée par
plusieurs lignes.

Des Triangles.

44. On peut considérer les triangles, par rapport à leurs angles, ou par repport à leurs côtés.
Par rapport aux angles, on distingue le triangle
rectangle, *l'obtus-angle*, & *l'acutangle*.

Le triangle rectangle est celui qui a un angle droit,
comme dans la figure 23.

Le triangle obtusangle est celui qui a un angle
obtus, fig. 24.

Le triangle acutangle est celui dont tous les angles sont aigus, fig. 25.

Par rapport aux côtés on en distingue encore
trois ; *l'équilatéral* dont les trois côtés sont égaux,
fig. 25. *L'isocelle* dont deux côtés seulement sont

égaux, fig. 26 & le *scalène* dont tous les côtés font inégaux, fig. 23 & 24.

45. Les trois angles d'un triangle quelconque valent ensemble deux angles droits. En effet, tout triangle peut être inscrit comme ABC, fig. 27, puisqu'on peut toujours faire passer une circonférence par trois points donnés qui ne sont pas dans la même direction. Cela posé, l'angle B a pour mesure la moitié de AC, l'angle C la moitié de AB, & l'angle A la moitié de BC : mais AC+AB+BC renferment toute la circonférence. Donc la mesure des trois angles d'un triangle est la demie-circonférence qui mesure deux angles droits.

46. Si on prolonge les côtés d'un triangle, l'angle extérieur vaut les deux intérieurs opposés : par exemple, dans le triangle ABC fig. 28. Si on prolonge le côté CB vers E, l'angle extérieur B vaudra les deux intérieurs G & H ; car l'angle B avec l'angle F valent ensemble deux angles droits, puisqu'ils font collatéraux ; mais l'angle F joint avec les angles G & H, valent aussi deux angles droits. Donc l'angle extérieur B égale les 2 intérieurs G & H.

On voit clairement par ce que nous venons de dire ; 1°. Qu'un Triangle rectiligne ne peut avoir qu'un angle obtus, ni même plus d'un angle droit, puisque les trois ne valent ensemble que deux angles droits.

47. 2°. Que quand on connoît deux angles d'un triangle, ou même leur somme on peut connoître

facilement le 3e. puisqu'il doit toujours être égal à 180 dégrés, moins la somme des deux autres.

3°. Que lorsque deux angles d'un triangle sont égaux à deux angles d'un autre triangle, le 3e. est nécessairement le même, puisqu'il doit également compléter 180 dégrés.

48. 4°. Que dans un triangle-rectangle les deux angles aigus, sont nécessairement complément l'un de l'autre, puisque les deux doivent valoir ensemble un angle droit.

49. 5°. Que si deux angles d'un triangle sont égaux, les côtés qui leur sont opposés seront nécessairement égaux & réciproquement, puisque tout triangle pouvant être inscrit, ses côtés deviennent des cordes, & que des cordes égales soutiennent des arcs égaux qui mesurent les angles, & réciproquement. Si les côtés sont inégaux, le plus grand côté sera opposé au plus grand angle.

De l'égalité des Triangles.

Il faut distinguer entre triangles *égaux*, & triangles *semblables*. Les triangles sont *égaux* quand leurs angles & leurs côtés correspondans sont égaux; & on appelle triangles *semblables*, ceux dont les angles correspondans sont égaux, quoique les côtés ne le soient pas. Nous verrons dans la suite que leurs côtés sont pour lors proportionnels.

50. Pour prouver que deux triangles donnés sont

égaux, il suffit de montrer qu'ils ont un côté, & les deux angles adjacens; deux côtés & l'angle compris; ou enfin les trois côtés égaux fig. 29.

1°. Si le côté AC=ac, & que les angles A a, C c soient égaux, les deux triangles seront entiérement égaux: car si on conçoit le côté AC couché sur le côté ac, puisque A=a & C=c, le côté AB se trouvera couché sur le côté ab, & le côté CB sur le côté cb. Donc le point B se trouvera sur le point b, & par conséquent les deux triangles seront égaux en tout.

2°. Si les angles B & b sont égaux, ainsi que les côtés BA, ba & BC, bc; & que l'on couche le côté ba sur le côté BA, le côté bc se trouvera nécessairement sur le côté BC. Donc la base qui termine les deux côtés sera nécessairement égale, & par conséquent les deux triangles seront égaux en tout.

3°. Si les trois côtés sont égaux de part & d'autre les deux triangles seront nécessairement égaux: car si des deux extrémités de la base AC, & de deux ouvertures de compas égales aux deux côtés ab & cb de l'autre triangle, on décrit deux petits arcs qui se coupent, l'intersection se trouvera nécessairement au point B, puisque par l'hypothèse AB=ab, & CB=cb donc, puisque la base est aussi supposée égale de part & d'autre, les deux triangles peuvent être appliqués l'un sur l'autre dans tous leurs points & sont par conséquent nécessairement égaux en tout.

B iv

De cette derniére propofition on peut conclure la méthode de faire un triangle, dont les côtés foient égaux à trois lignes données. Par exemple, fi on a les trois lignes A, B, C fig. 30. On fait d'abord la bafe égale à la ligne A : enfuite du point B & d'une ouverture de compas égale à la ligne B on décrit un arc vers le point C, & un autre du point A & d'une ouverture égale à la ligne C. Si du point d'interfection de ces deux arcs on tire des lignes aux deux extrémités de la bafe, on aura un triangle dont les trois côtés feront égaux aux trois lignes données.

Des Polygones.

51. Quand un polygone a quatre côtés, on le nomme *quadrilatére*,

$$
\text{quand il en a}
\begin{cases}
5. \ Pentagone. \\
6. \ Hexagone. \\
7. \ Heptagone. \\
8. \ Octogone. \\
9. \ Enneagone. \\
10. \ Décagone.
\end{cases}
$$

On appelle diagonale une ligne tirée d'un angle à un autre oppofé, comme AB fig. 31.

52. Tous les angles intérieurs d'un polygone font égaux à deux fois autant d'angles droits, moins quatre que le polygone a de côtés. Pour le démon-

que d'un des angles du polygone on tire
des lignes à tous les autres angles, excepté aux
deux voisins, fig. 32. On aura autant de triangles, moins deux que le polygone a de côtés. Les
angles de chaque triangle valent deux angles droits ;
donc tous les angles intérieurs du polygone feront
égaux à deux fois autant d'angles droits, moins
quatre que le polygone a de côtés.

53. Si on prolonge dans le même fens tous les
côtés d'un polygone quelconque, la fomme de tous
les angles extérieurs & intérieurs joints enfemble
eft égale à deux fois autant d'angles droits qu'il y
a de côtés dans le polygone. En effet, à chaque
côté prolongé il fe trouvera un angle extérieur &
un intérieur qui joints enfemble, vaudront deux
angles droits (13) Donc, puifqu'on peut dire la
même chofe de tous les côtés, tous les angles extérieurs & intérieurs pris enfemble, valent deux
fois autant d'angles droits que le polygone a de
côtés.

54. Tous les angles extérieurs d'un polygone quelconque valent enfemble quatre angles droits. Car
nous venons de voir que les angles extérieurs avec
les intérieurs, valent deux fois autant d'angles droits
que le polygone a de côtés. D'ailleurs, nous avons
vu que les intérieurs valent ce même nombre, moins
quatre. Donc les extérieurs valent néceffairement
ces quatre qui manquent aux intérieurs pour former cette fomme.

B v

55. De ce que nous avons dit jufqu'ici des polygones, il eft facile de conclure la méthode de connoître chaque angle intérieur d'un polygone régulier, c'eft-à-dire, dont les angles & les côtés font
égaux : car ayant trouvé la valeur de tous les angles pris enfemble, & divifant cette fomme par le
nombre des côtés, on aura évidemment la valeur
de chaque angle. Par exemple, fi le polygone à fix
côtés, je fçais que tous les angles intérieurs pris
enfemble valent deux fois fix angles droits, moins
quatre, c'eft-à-dire huit ; ce qui conftitue 8 $\times$
90 dégrés ou 720, & divifant cette fomme par 6
nombre des côtés ou des angles, je trouve 120
dégrés pour chaque angle intérieur d'un hexagone.

Connoiffant un angle extérieur d'un polygone
régulier, on peut déterminer le nombre de fes angles ou de fes côtés. Car tous les angles extérieurs
formant 360 dégrés ou quatre angles droits, il eft
évident que fi on divife 360 par le nombre de dégrés que contient un des angles extérieurs, le quo-
tient donnera le nombre des angles du polygone.
Par exemple, fi un angle extérieur vaut 30 dégrés,
comme $\frac{360}{30} = 12$, je conclus que le polygone a
douze côtés ou 12 angles.

Des lignes proportionnelles.

56. Lorfque deux fécantes coupent les mêmes
parallèles, les parties de l'une font proportionnelles aux parties correfpondantes de l'autre. Soient
par exemples les deux fecantes AB & AC, fig. 33;
qui coupent les parallèles DG, EH, FI, BC. Je di

que les parties AD, DE, EF, FB font proportionnelles aux parties AG, GH, HI, IC de l'autre ligne, enforte que fi AD, par exemple eft le
quart de AB, AG fera également le quart de AC.
Pour le prouver fuppofons d'abord que AB eft divifée en quatre parties égales aux points D, E, F, B.
Je dis que pour lors AC fera également divifée
en quatre parties égales aux points G, H, I,
C. Pour le faire voir, qu'on tire les lignes GL,
HM & IN, parallèles aux portions correfpondantes
de la ligne AB. On aura quatre triangles qui ne
peuvent être égaux fans que les côtés homologues ou correfpondans AG, GH, HI, & IC foient
égaux entr'eux. Or, il eft évident que ces triangles font égaux; car l'angle A & l'angle D du triangle ADG font égaux aux angles G & L du triangle
GLH, puifqu'ils font correfpondans. Le côté AD
eft égal au côté GL, puifque GL=DE compris
entre deux parallèles, & par l'hypothèfe AD=DE,
donc les deux triangles font égaux, (50) on
démontreroit de même l'égalité des autres triangles.
Donc, fi AB eft coupée en quatre parties égales,
la ligne AC le fera auffi. Donc on aura AD : AG
:: AB : AC; &c. mais la même chofe doit arriver
dans l'hypothèfe où les parties de la ligne AB feroient inégales, puifque des parties inégales peuvent être toujours regardées comme compofées de
parties égales plus ou moins répétées. Donc la proposition aura toujours lieu entre les parties prifes

féparément, ou le même nombre enfemble de part,
& d'autres.

57. La même chofe arriveroit quand les lignes
fe couperoient & feroient prolongées au-delà du
point d'interfection comme dans la figure 34. Car
AF étant CA prolongée, & AE la fuite de BA, il
eft néceffaire que AF & AE aient le même rapport
entre les parallèles fupérieures que AB & AC entre
les inférieures.

58. Donc dans deux triangles femblables, ou qui
ont des angles égaux les côtés homologues, ou
qui répondent aux mêmes angles font proportionnels. Soient par exemple les deux triangles ABC
& abc fig. 35. Je fuppofe la ligne ba couchée fur
la ligne BA, puifque l'angle b eft fuppofé égal à
l'angle B, la ligne bc fe trouvera auffi couchée fur
la ligne BC. D'ailleurs, puifque l'angle $A = a$, la
ligne ac fera parallèle à la ligne AC. Donc on aura
la proportion Ba : BA : : Bc : BC. On pourroit de
même mettre l'angle c fur l'angle C, & on auroit
cb : CB : : ca : CA.

59. Donc lorfque dans un cercle deux cordes fe
coupent, les parties de l'une font réciproquement
proportionnelles aux parties de l'autre ; c'eft-à-dire,
que les parties de l'une fervent d'extrêmes, & celle
de l'autre de moyens.

Soient par exemple les deux cordes CD & AE
qui fe coupent au point B. Qu'on tire les lignes
ponctuées CE & AD, on aura les deux triangles

CBE & ABD : l'angle ABD=CBE, puifqu'ils font oppofés au fommet ; l'angle DAE=DCE, puifqu'ils font appuyés fur le même arc ED (38). On prou-veroit de même s'il étoit néceffaire que ADC=A EC, puifqu'ils font appuyés fur l'arc CA. Donc les triangles font femblables. Donc en comparant les côtés homologues, on aura la proportion AB : BC : : BD : BE.

60. Donc quand une des cordes eft un diamètre, & que l'autre eft perpendiculaire fur la première, la partie BC fig. 37 devient moyenne proportionnelle entre les deux parties du diamètre : car nous ve-nons de voir qu'on avoit la proportion AB : BC : : BD : BE ; mais BD=BC, puifque CD eft perpen-diculaire fur le diamètre, qui paffant par le cen-tre, coupe néceffairement la corde en deux parties égales (30). Donc on pourra mettre CB à la place de BD, & dire AB : BC : : BC : BE.

61. Il s'enfuit que pour trouver une ligne moyen-ne proportionnelle entre deux autres données, il faut prendre fur une ligne indéfinie la longueur de ces deux autres ; prendre enfuite le milieu de ces deux lignes réunies pour centre d'une demie cir-conférence qui paffera par les deux extrémités. Si on élève fur cette ligne qui fert de diamètre une perpendiculaire au point de réunion des deux li-gnes données, cette ligne fera moyenne propor-tionnelle, comme on vient de le voir.

62. Quoiqu'on n'ait pas de méthode pour extraire

exactement la racine quarrée de quelque nombre
que ce soit, on peut toujours trouver une ligne qui
exprime cette racine par la méthode que nous venons de donner pour trouver une moyenne proportionnelle entre deux lignes données. On sçait que
la racine quarrée d'un nombre est moyenne proportionnelle entre les deux facteurs de ce nombre,
puisque le quarré de la moyenne proportionnelle
est égal au produit des deux extrêmes. Cela posé
qu'on cherche deux facteurs dont le produit égale
le nombre proposé. Si on n'en trouve pas d'autres
on prendra l'unité avec le nombre en question. Par
exemple, 1 & 7 peuvent être régardés comme les
deux facteurs de 7. Qu'on prenne ensuite deux lignes
qui aient entr'elles le même rapport que ces deux
facteurs; qu'on cherche la moyenne proportionnelle
entre ces deux lignes, elle exprimera la racine
quarrée que l'on cherche. Cette méthode peut servir beaucoup quand on veut décrire un quarré dont
la surface soit égale à un nombre donné.

63. Si de l'angle droit d'un triangle-rectangle on
abbaisse une perpendiculaire sur le côté opposé,
qu'on appelle *hypothénuse*. 1°. Les deux triangles
formés par cette perpendiculaire seront semblables
entr'eux & avec le grand triangle qu'ils coupent
En effet, si de l'angle droit C fig. 38, on abbaisse
la perpendiculaire CD, l'angle D du triangle GDB
est droit aussi bien que l'angle C du triangle ACB;
l'angle B est commun aux deux; donc ces deux
triangles ont deux angles égaux, d'où s'ensuit né-

ceffairement le 3e, donc ils font femblables. Par la même raifon l'angle D du triangle ADC=C du triangle ACB, puifqu'ils font tous deux droits : l'angle A eft commun aux deux. Donc les deux triangles ADC & ACB font femblables. On pourroit en conclure fans autre preuve, donc les deux petits triangles CDB & ADC font auffi femblables entr'eux, puifque chacun d'eux eft femblable au grand triangle ACB. Mais on peut encore le prouver directement. L'angle D eft droit de part & d'autre. Dans le triangle CBD l'angle B a pour mefure la moitié de CA; dans le triangle ACD l'angle C auroit une mefure égale fi on fuppofe la ligne CD prolongée & former une corde, donc les deux triangles font femblables.

64. 2°. La perpendiculaire abbaiffée de l'angle droit d'un triangle-rectangle fur l'hypothénufe eft moyenne proportionnelle entre les deux parties de l'hypothénufe, c'eft-à-dire, que AD : DC : : DC :DB; car on peut toujours regarder l'hypothénufe comme un diamètre en faifant paffer une demie-circonférence par les trois angles du triangle, qui devenant pour lors infcrit, donne néceffairement l'angle C appuyé fur un diamètre, puifqu'il eft fuppofé droit. Et nous avons vu (60) qu'une perpendiculaire abbaifée de la circonférence fur le diamètre eft moyenne proportionnelle entre les deux parties du diamètre qu'elle coupe.

65. 3°. Chacun des côtés du triangle-rectangle, coupé par une perpendiculaire eft moyen proportionnel entre l'hypothénufe & le fegment correfpondant. Car nous venons de voir (63) que les

trois triangles font femblables, donc en comparant
féparément chacun des deux petits triangles avec
le grand, on aura d'un côté AB : BC : : BC : BD
& de l'autre AB : AC : : AC : AD.

66. Deux fecantes, comme AB & AC, fig. 39,
qui, partant d'un même point A hors du cercle,
vont fe terminer à la partie concave de la circonférence, font réciproquement proportionnelles à
leurs parties extérieures AD & AE.

Si on tire les deux cordes EB & DC, on aura
les deux triangles AEB & ADC femblables, puifque l'angle A eft commun & que les angles C & B
font appuyés fur le même arc ED. Donc on
aura la proportion fuivante AB : AE : : AC : AD.

67. Donc fi les points E & C de la ligne AC
fe trouvent confondus, ce qui arrive, fi l'on conçoit qu'une des fécantes s'écarte tellement de l'autre qu'elle devienne tangente, au lieu de AC dans
la proportion, on prendra deux fois AE & on aura
AB : AE : : AE : AD, où l'on voit qu'une tangente partant du même point extérieur qu'une fécante, eft moyenne proportionnelle entre la fécante
entiére & fa partie extérieure.

On peut fe fervir de ce principe pour couper
une ligne en moyenne & extrême raifon, c'eft-à-
dire, la couper tellement en deux, qu'une de fes
parties foit moyenne proportionnelle entre la ligne
entiére & fon autre partie. Remarquez pour cela
que fi la partie intérieure DB de la fecante AB,

... la fécante fe trou-
... moyenne & extrême raifon au
point B, & on aura AB : DB : : DB : AD, puifqu'on avoit par le moyen de la tangente AB :
AE : : AE : AD, & que par l'hypothèfe DB=AE.

Cela pofé, s'il s'agit de couper BD fig. 40 en
moyenne & extrême raifon, 1°. Sur l'extrémité
D de cette ligne j'élève la perpendiculaire CD égale
à la moitié de BD. 2°. De C comme centre, je
décris une circonférence dont BD eft tangente, &
menant du point B par le point C la fécante BA,
cette fecante fera coupée en moyenne & extrême
raifon au point E, puifque le rayon de cette circonférence étant égal à la moitié de BD, il s'enfuit néceffairement que EA=BD. 3°. Du point A
je tire au point D la ligne AD, & du point E la
parallèle EH. A caufe des parallèles, on aura AB :
BE : : BD : BH (56). Donc puifque BA eft coupée
en moyenne & extrême raifon au point E, la ligne BD le fera également au point H, & on aura
la proportion BD : HD : : HD : BH.

68. De ce que nous avons dit, on peut déduire
la méthode : 1°. De trouver une quatriéme ligne
proportionnelle à trois autres données : 2° de couper une ligne en parties proportionnelles à celles
d'une autre : 3°. de divifer une ligne en tant de
parties que l'on voudra.

1°. Je fuppofe qu'on ait les trois lignes A, B, C,
fig. 41, & qu'on veut leur trouver une quatriéme

proportionnelle. On forme d'abord l'angle EDH de l'ouverture que l'on veut ; on prend DF égal à la ligne A , D G égal à la ligne B , on tire la ligne F G du point F au point G ; enfuite on prend FE égal à la ligne C : enfin , du point E on tire EH parallèle à F G , la partie G H fera la quatriéme ligne proportionnelle cherchée ; & on aura DF : DG :: FE : GH (58).

2°. Je fuppofe qu'il s'agit de couper la ligne AB , fig. 42. en parties proportionnelles à celles de la ligne DE. Il faut commencer par tirer ces deux lignes parallélement l'une à l'autre , faire paffer enfuite par les deux extrémités de chacune les lignes CE & CD , & tirer enfin du point C , les lignes CI , & CH aux divifions H & I de la ligne DE , les points F & G où ces lignes couperont la ligne AB la diviferont en parties proportionnelles à celles de la ligne DE , comme on peut le démontrer facilement par la fimilitude des triangles que forment ces lignes.

3°. Si je veux divifer la ligne AB , fig. 43 en quatre parties égales , je tire la ligne DX indéfinie & parallèle à AB : je prends enfuite fur cette ligne quatre parties égales à volonté , & du commencement & de la fin de ces divifions , je tire les lignes CD & CE qui paffent par les deux extrémités de la ligne AB. Enfin du point C où ces deux lignes fe coupent , je tire des lignes aux divifions de la ligne DX ; elles couperont néceffairement la ligne AB en quatre parties égales, puifqu'elles feront proportionnelles à celles de l'autre ligne.

LIVRE II.

Des furfaces.

69. ON appelle *furface* l'étendue confidérée en longueur & largeur.

Nous ne confidérons ici que les furfaces planes, c'eft-à-dire, dont tous les points font également élevés, nous nous bornerons même à celles qui font terminées par des lignes droites, excepté le cercle, dont nous dirons quelque chofe.

70. La mefure de toute furface peut fe réduire à celle des triangles & des quadrilatéres.

On entend par *quadrilatére* une figure qui à quatre côtés, dénomination qu'on lui conferve quand aucuns de fes côtés ne font parallèles.

Quand le quadrilatére a deux côtés parallèles, on l'appelle *trapèze*, comme la figure 44.

Quand tous les côtés oppofés font parallèles, on lui donne le nom de *parallélogramme*, comme les figures 45, 46, 47, 48.

On diftingue quatre fortes de parallélogramme; le *quarré*, le *reclangle*, le *rhombe* & le *rhomboïde*.

Le *quarré*, eft celui dont les quatre côtés font égaux & les angles droits, comme dans la fig. 45.

Le *reclangle* eft celui dont les angles font droits & les côtés feulement oppofés égaux, comme la figure 46.

Le *rhombe* est celui dont les côtés sont égaux & les angles inégaux, excepté ceux qui sont opposés comme la figure 47.

Le *rhomboïde* est celui dont les angles & les côtés opposés font égaux, comme la fig. 48.

71. On estime la hauteur d'un parallélogramme, par une ligne perpendiculaire entre les côtés opposés.

On prend aussi celle d'un triangle par une ligne perpendiculaire abbaissée du sommet du triangle sur la base prolongée s'il est nécessaire; comme dans la fig. 24.

On mesure la hauteur du triangle BAC par la ligne BD, abbaissée sur la base CA prolongée jusqu'en D.

Avant que d'entrer dans la mesure des surfaces, nous allons établir deux propositions qui feront comme la base de ce que nous en dirons dans la suite.

72. 1°. Tout triangle est la moitié d'un parallélogramme de même base & de même hauteur. Car, si on prend par exemple, le triangle ABC, fig 49. on pourra toujours tirer la ligne AD, parallèle à la base du triangle, & la ligne DC, parallèle au côté AB, on aura pour lors le parallélogramme ABDC, de même base & de même hauteur que le triangle. Il reste à faire voir que le triangle est la moitié du parallélogramme, ce qui est facile, les deux triangles ABC & ADC étant entièrement égaux,

le côté commun AC, & des angles qui
sont nécessairement égaux, puisque les côtés du
parallélogramme, sont parallèles entr'eux.

73. 2°. Tout parallélogramme est égal à un rectangle de même base & de même hauteur, soit par
exemple, le parallélogramme EFBD, fig. 50. Je dis
qu'il est égal au rectangle ACBD, qui a même base
& même hauteur. Le triangle GDB étant commun
aux deux, il reste à faire voir que le quadrilatére
EGFD, est égal au trapèze ACGB. Si on tire la ligne
ponctuée CE, les triangles BAE & DCF sont égaux,
puisque le côté AB étant égal au côté CD à cause
des parallèles, les angles A & C, B & D, seront
aussi égaux par la même raison. Donc, si on ôte
de ces triangles, le petit triangle commun CEG les
restes ACGB & EGFD, seront nécessairement égaux
entr'eux, donc le parallélogramme est égal au rectangle.

On démontreroit de la même maniére que le
parallélogramme EFBD, fig. 51 est égal au rectangle ABCD, de même base & de même hauteur,
puisque le trapèze EBCD est commun aux deux, &
que les triangles EAB & FCD, sont égaux à cause
des parallèles.

74. On feroit voir de même, que tous les triangles de même base & de même hauteur sont égaux,
puisqu'ils peuvent toujours être regardés comme la
moitié d'un parallélogramme, & que tous les parallélogrammes de même base & de même hau-

tenr doivent être égaux entr'eux étant égaux,
chacun à un rectangle qui auroit même base &
même hauteur.

De la mesure des surfaces.

75. Mesurer une surface, c'est chercher combien de fois elle contient une autre surface con-
nue, par exemple, combien elle contient de pieds,
de toises quarrées, &c.

76. On connoît la surface d'un rectangle en
multipliant sa base par sa hauteur ; car je suppose
qu'on cherche la surface du rectangle ABCD, fig.
52., pour sçavoir combien elle contient de pieds
quarrés : je suppose encore que la base soit de
quatre pieds & la hauteur de trois, si on tire à
chaque pied les lignes EF, GO, parallèles à la base,
& les lignes IH, KL, MN, parallèles aux côtés,
la surface se trouvera partagée eu petits rectangles
de chacun un pied. Il s'en trouvera quatre dans
la première rangée sur la base, puisqu'elle est supposée de 4 pieds, & il y aura trois rangées semblables, puisque la hauteur est supposée de trois
pieds, donc en multipliant la base par la hauteur
on aura la surface totale.

77. On peut donc dire, en général, que la surface d'un parallélogramme quelconque, est égale au
produit de sa base par sa hauteur, puisque tout
parallélogramme est égal à un rectangle de même
base & de même hauteur (73), & que la surface

rectangle est égal au produit de sa base par sa
hauteur.

On conclut également que la surface d'un triangle est égale au produit de sa base par la moitié
de sa hauteur, puisque tout triangle est la moitié
d'un parallélogramme de même base & de même
hauteur. (72.)

78. La surface d'un trapèze est égale au produit de la moitié des deux bases parallèles mul-
tipliée par la hauteur. Car, si dans la fig. 44, on
tire la ligne CB, le trapèze se trouvera divisé en
deux triangles de même hauteur : on auroit leur
surface en multipliant la moitié de la base de chacun par la hauteur commune. Donc, si on ajoûte
ensemble les deux bases & qu'on multiplie la moitié de leur somme par la hauteur commune, on
aura la surface des triangles réunis ou du trapèze.

On pourroit encore le prouver d'une autre maniére. La moitié des deux bases est égale à la
moyenne proportionnelle EF, comme on l'a vu en
arithmétique. Cette moyenne proportionnelle mul-
tipliée par la hauteur, donne la surface du parallélogramme ACGH, qu'on forme en tirant la ligne
GH, parallèle à AC : or, ce parallélogramme est égal
au trapèze, à cause de l'égalité des triangles BGF
& DFH, formés par les parallèles.

79. La surface d'un polygone régulier, est égale
au produit du *périmétre* ou contour, par la moitié
de l'*apothème*, qui est une ligne abbaissée perpen-

diculairement du centre sur un des côtés ; car si
du centre du polygone, on tire des lignes à tous
les angles, fig. 53. le polygone se trouvera divisé
en autant de triangles qu'il y a de côtés. La surface de chacun de ces triangles est égal au produit
de sa base, par la moitié de la hauteur qui est la
même pour tous. Donc, si on multiplie la somme
de toutes ces bases, qui forment le contour du polygone, par la moitié d'une ligne perpendiculaire tirée
du centre, & qui exprime la hauteur commune des
triangles, on aura la surface totale, qui est celle du
polygone,

80. Un cercle peut être considéré comme un
polygone régulier d'une infinité de côtés qui composent la circonférence. Le rayon tient lieu d'une
perpendiculaire abbaissée du centre sur un des
côtés.

81. Donc la surface d'un cercle est égale au
produit de la circonférence par la moitié du rayon.

Nota. Pour trouver la circonference d'un cercle
dont on connoit le diamètre, il faudroit connoître exactement le rapport entre le diamètre & la
circonférence.

Selon Archimèdes, le diamètre est à la circonférence à-peu-près comme 7 : 22, & selon Me-
tius, comme 113 : 355, quoique ces rapports ne
soient pas rigoureusement exacts, ils peuvent suf-
fire dans la pratique : ainsi, si je cherche une circonférence dont le diamètre soit de 10 pieds, j'é-
tablirai

tablirai la proportion suivante, 7 : 22 ou 113 : 355 :: 10 : x. Le quatriéme terme trouvé me donnera la circonférence.

On appelle *secteur* de cercle la surface comprise entre deux rayons & l'arc, comme ABDC, fig. 54., & on donne le nom de *segment* à la portion comprise entre la corde & l'arc.

82. Pour avoir la surface d'un secteur de cercle, il faut multiplier l'arc par la moitié du rayon ; parce que tous les secteurs rassemblés forment un cercle dont la circonférence seroit égale à tous les arcs, & que d'ailleurs tous les rayons d'un cercle sont égaux. (7.) Donc, puisqu'on auroit la surface totale en multipliant toute la circonférence par la moitié du rayon, on aura la surface partielle, en multipliant l'arc qui y répond par la moitié de ce même rayon.

Pour connoître la longueur d'un arc, si on sçait le nombre de dégrés qu'il contient, il faut chercher la circonférence entiére & diviser sa valeur par le nombre de fois que cet arc est contenu dans 360. Par exemple, si je cherche la longueur d'un arc de 24 dégrés, en supposant la circonférence de 20 pieds, $\frac{360}{24} = 15 \cdot \cdot \frac{20}{15} = \frac{4}{3}$, ce qui peut aussi se trouver par une proportion dont les deux antécédens seroient la circonférence en dégrés & en pieds, & les conséquens l'arc en question également en dégrés & en pieds, 360 : 24 :: 20 : x.

Pour avoir la surface d'un segment, il faut 1°.

II. Partie. C

chercher le centre de l'arc ; 2°. former un lecteur, en tirant deux rayons du centre aux deux extrémités de l'arc ; 3°. chercher la surface du secteur ; 4° retrancher de cette surface celle du triangle formé par les deux rayons & par la corde ; le reste donnera la surface du segment, puisque le triangle & le segment sont contenus dans le secteur.

83. On peut trouver en général la surface d'une figure rectiligne irrégulière en la réduisant en triangles, ce qui se fait en tirant d'un de ses angles des lignes à tous les autres, comme dans la fig. 55; car si on additionne les sufaces de tous ces triangles, on aura celle de la figure qui les contient.

84. Les surfaces de plusieurs parallélogrammes semblables sont entr'elles comme les quarrés des côtés homologues. Car puisque les parallélogrammes sont supposés semblables, les côtés homologues seront proportionnels, & par conséquent les hauteurs seront en proportion des bases. Cela posé si l'on désigne les surfaces de deux parallélogrammes par S & s, les deux bases par B, b, & les deux hauteurs par H, h, on aura $S : s :: BH : bh$. Mais puisque les hauteurs sont en proportion des bases, on aura $B : b :: H : h$. Donc à la place de H & de h de la première proportion, on pourra substituer B & b; ce qui donnera $S : s :: B^2 : b^2$ ou $:: H^2 : h^2$.

85. On doit dire la même chose des triangles

femblables, puifque chaque triangle eft la moitié d'un parallélogramme, & que les mêmes rapports fubfiftent entre les moitiés & leurs entiers.

86. Comme toute figure rectiligne peut être réduite en triangle, on peut dire en général, que les figures femblables font entr'elles comme les quarrés de leurs côtés homologues.

87. Les furfaces des cercles font entr'elles comme les quarrés de leurs rayons ou de leurs diamètres ; car les cercles peuvent être regardés comme des polygones d'une infinité de côtés, qui peuvent être réduits en triangles dont les rayons expriment les côtés homologues, & nous venons de voir que les triangles font entr'eux comme les quarrés de leurs côtés homologues.

Dans deux figures de la même efpèce, comme dans deux parallélogrammes, lorfque les bafes font égales, les furfaces font comme les hauteurs, ou comme les bafes, fi on fuppofe les hauteurs égales ; & enfin, fi on veut que les furfaces foient égales, les hauteurs doivent être en raifon inverfe des bafes. En effet, on peut exprimer le rapport des furfaces par la proportion fuivante, $S : s :: BH : b\,h$. Donc $S\,bh = s\,BH$. Donc fi $H = h$ en divifant les deux membres de l'équation par H, h, il reftera $S\,b = s\,B$ ou $S : s :: B : b$.

Si $B = b$ on aura $S\,h = s\,H$. Donc $S : s :: H\,h$.

Si $S = s$ on aura $BH = bh$. Donc $B : b :: h : H$.

88. Si fur les trois côtés d'un triangle rectan-

gle ; comme ABC fig. 56, on construit trois quarrés , celui qui fera sur l'hypothénuse, fera égal en surface à la somme des deux autres.

Pour le démontrer, qu'on tire la ligne AD perpendiculaire sur l'hypothénuse ; les triangles BAC, BAD, & DAC, feront femblables (63). Donc on aura d'un côté la proportion fuivante BC : AC : : AC : DC, & de l'autre côté BC : BA : : BA : BD d'où l'on pourra conclure pour la première $AC^2 =$ $BC \times DC$, & pour la feconde $AB^2 = BC \times BD$. Donc $AC^2 + AB^2 = BC \times (DC + BD)$, mais $DC + BD = BC$. Donc $AC^2 + AB^2 = BC^2$, ce qui étoit à démontrer.

89. De cette propofition, il s'enfuit : 1°. Que connoiffant deux côtés d'un triangle rectangle, on connoîtra facilement le troifiéme : car puifque $BC^2 = AC^2 + AB^2$. Donc $AC^2 = BC^2 - AB^2$. Et $AB^2 = BC^2 - AC^2$. Donc $AC = \sqrt{BC^2 - AB^2}$. $AB = \sqrt{BC^2 - AC^2}$. Et $BC = \sqrt{AC^2 + AB^2}$.

90. 2°. Qu'un quarré formé fur la diagonale d'un autre quarré eft double du premier , puifque la diagonale coupe le quarré en deux triangles rectangles , le quarré de la diagonale, qui devient l'hypothénufe des deux triangles eft égale au quarré des deux côtés, ou au double d'un de ces côtés, puifqu'ils font tous égaux.

91. 3°. Que de deux quarrés , dont l'un eft infcrit & l'autre circonfcrit à un cercle, celui qui eft circonfcrit eft double de l'infcrit, puifque elle

cun des côtés du quarré circonscrit est égal au
diamètre du cercle qui sert de diagonale au quarré
inscrit fig. 57.

92. 4°. Que si on construit sur les côtés d'un
triangle-rectangle des figures semblables, par exemple des cercles, la figure construite sur l'hypothénuse, sera égale à la somme des deux autres in-
scrites sur les côtés, puisque les figures semblables sont entr'elles comme les quarrés de leurs côtés homologues (86).

93. 5°. Que si on fait un demi-cercle sur chacun
des côtés d'un triangle-rectangle, la somme des lunules AEBG & AFCH, fig. 58, terminées par les
demi-circonférences, sera égale à ce triangle. Car
la surface du demi-cercle construit sur l'hypothénuse est égale à la somme des surfaces des deux
autres construits sur les côtés (92). Donc si on
ôte les segments ABG & ACH, qui sont communs
au grand & à chacun des petits demi-cercles les
restes des petits, ou les lunules seront nécessairement égaux au reste du grand demi-cercle, c'est-
à-dire, au triangle BAC.

94. Avant que de passer aux solides, nous allons
donner la méthode de faire une figure double, triple, ou en tel autre rapport qu'on voudra, avec une
autre figure donnée, dont on connoit un côté homologue avec celui qu'on cherche pour construire
la figure en question : ensuite nous dirons quelque chose des plans.

Je suppose , par exemple , qu'on cherche un cercle qui soit double , ou triple d'un autre dont on connoit le rayon. 1°. Prenez une ligne qui ait avec celle qui représente le rayon du cercle donné le même rapport que vous voulez donner au cercle. 2°. Cherchez une ligne moyenne proportionnelle entre ces deux autres , elle sera la mesure du rayon du cercle que l'on cherche. La raison en est évidente ; car les cercles sont entr'eux comme les quarrés de leur rayon (87.) & par l'hypothèse , la ligne moyenne proportionnelle cherchée , seroit le rayon du cercle en question. Donc son quarré qui est égal au produit des extrêmes ou au rapport demandé , puisque le premier extrême est supposé l'unité , donnera un cercle dans le même rapport.

Si le rapport n'étoit pas entre deux termes dont l'un exprimeroit l'unité , par exemple si on vouloit faire un cercle qui fût à un autre comme 3 : 2. On commenceroit une proportion par ces deux termes qui expriment le rapport ; on mettroit pour le troisiéme la valeur du cercle donné , pour lors le quatriéme exprimeroit le quarré du rayon du cercle cherché. Je suppose qu'on ait un cercle de 6 pieds de surface , & qu'on en demande un autre qui soit à celui-ci comme 3 : 2 j'établis la proportion 2 : 3 :: 6 : x , & après avoir trouvé la valeur de x j'en extrais la racine qui me donnera le rayon du cercle demandé.

Si on n'avoit point la surface du premier cercle, mais feulement fon rayon, il faudroit prendre le quarré de ce rayon pour former le 3e. terme de la proportion, puifque les cercles font comme les quarrés des rayons.

Ce que nous venons de dire pour un cercle, peut s'appliquer à toute autre figure, en prenant au lieu du rayon un des côtés de la figure propofée.

95. On peut auffi faire un cercle ou une autre figure égale à deux autres données. Pour cela, qu'on forme un triangle-rectangle, dont les deux côtés adjacents à l'angle droit, foient égaux aux rayons ou aux côtés homologues des deux figures données; pour lors, l'hypothénufe exprimera le rayon ou le côté homologue de la figure qui doit contenir les deux autres, (92). Si, au lieu de deux figures, on vouloit en réunir 3 ou 4, on feroit l'opération pour deux, & on réuniroit enfuite la réfultante à la 3e. ou à celle qu'on auroit déduite des deux derniéres, s'il y en avoit quatre, &c.

Des Plans.

Ce feroit ici le lieu de parler des plans & de leurs différentes pofitions relatives; nous n'en dirons que quelque mots : le refte fe comprenant facilement, par ce que nous avons dit fur les lignes droites & avec un peu d'imagination, qui

pourra suppléer aux figures qu'on en donne ordinairement.

1°. Nous avons déja dit ce qu'on entend par
figure plane, ou *plan*. C'est une surface dont tous
les points sont également élevés, & sur laquelle
on peut appliquer une règle en tout sens. Nous
considérons aussi les plans comme n'ayant aucune
épaisseur.

2°. Une ligne perpendiculaire sur un plan est
nécessairement perpendiculaire sur toutes les lignes
droites du plan qui passeroient par le même point,
autrement elle pencheroit plus vers quelques points
du plan, & cesseroit dès lors d'y être perpendiculaire.

3°. La perpendiculaire est la plus courte qu'on
puisse abaisser sur le plan d'un point donné au-de-
hors, & on ne peut en abbaisser plusieurs semblables du même point; ce qui est évident par ce
que nous avons dit sur les perpendiculaires.

4°. Deux perpendiculaires à un même plan ou
deux obliques également inclinées & dans le même
sens, sont nécessairement parallèles, parce que si
elles s'approchoient ou s'éloignoient l'une de
l'autre leur rapport avec le plan varieroit nécessairement.

5°. L'intersection des deux plans est nécessairement une ligne droite, autrement tous les points
qui composent la surface d'un plan, ne seroient

plus dans la même direction , ce qui est contraire
à la définition du plan.

6°. Si un nombre quelconque de plans se coupent , la somme de tous les angles qu'ils forme-
ront autour du point commun d'interfection , sera
de 360° ; les angles opposés au sommet feront
égaux , & s'il n'y a que deux plans qui se coupent,
les angles collatéraux feront fupplément l'un de
l'autre , comme nous avons vu pour les lignes,
puifque chaque plan étant compofé de lignes droites , on doit trouver le même résultat en confidé-
rant leur rapport.

7°. Lorfque deux plans se coupent , l'angle formé par leur interfection est le même tout le long
des deux plans & est toujours égal à celui que formeroient deux lignes correfpondantes , prifes fur
ces deux plans & qui se réuniroient au point
d'interfection ; autrement la furface des plans ne
feroit plus uniforme. Ce principe nous fervira dans
la trigonométrie fphérique pour les angles formés
par les cercles.

8°. Si un plan coupe deux ou plufieurs plans
parallèles , les interfections feront toutes parallèles , & les angles correfpondants égaux , autrement
l'interfection ne feroit plus une ligne droite.

9°. Plufieurs plans parallèles à un même plan ,
font néceffairement parallèles entr'eux , autrement
leur furface ne feroit plus droite.

10°. Si plufieurs lignes droites font coupées par

tant de plans parallèles qu'on voudra, les parties
de ces lignes interceptées entre ces plans seront
proportionnelles, comme nous avons vu pour les
lignes droites qui coupent des parallèles, puisque
les plans sont réellement composés de lignes droites. D'où il s'ensuit que les figures que ces lignes
terminent sont nécessairement semblables, puisque
leurs côtés sont proportionnels.

LIVRE III.

Des solides.

ON donne le nom de solide à tout ce qui a
les trois dimensions de longueur, largeur &
profondeur.

Il y a des solides terminés par des surfaces planes
& d'autres par des surfaces courbes.

Parmi les solides terminés par des surfaces planes
on distingue le *prisme* & la *pyramide*.

Le *prisme* est un corps dont les deux bases
sont des polygones égaux & parallèles, & dont
les faces présentent des parallélogrammes égaux,
& qui par conséquent, est d'égale grosseur dans toute
sa longueur.

Les lignes où se rencontrent deux faces, se nom-
ment les *arrêtes*.

On appelle les prismes, triangulaires, quadran-
gulaires, &c. suivant la figure de leur base.

Quand les bases & les faces d'un prisme sont

des quarrés égaux , on le nomme *cube.*

Quand les bafes & les faces ne font point des quarrés , mais des parallélogrammes , on le nomme *parallélipipède.*

La *pyramide* eft un folide terminé par plufieurs plans dont celui qui fert de bafe eft un polygone quelconque , & les autres font tous des triangles, qui ont pour bafe les côtés du polygone , & dont les fommets font réunis en un point qu'on appelle le fommet de la pyramide.

Parmi les folides , terminés par des courbes , nous ne confidérerons que le *cylindre* , le *cône* & la *fphére.*

Le *cylindre* eft un corps dont les bafes font des cercles , & qui eft le même dans toute fa longueur.

Le *cône* eft un corps dont la bafe eft un cercle & dont la groffeur va toujours en diminuant jufqu'à ce qu'elle fe termine à un point qu'on appelle le fommet du cône.

La *fphére* eft un folide terminé de tous côtés par une furface dont tous les points font également éloignés du centre.

On appelle *fecteur fphérique*, la portion de fphére qui feroit engendrée par un fecteur de cercle dont le fommet feroit au centre de la fphére, & qui tourneroit autour d'un rayon. Ce feroit une efpèce de cône dont la bafe feroit convexe.

Le *fegment fphérique* eft une portion de la fphére

formée par la furface & par un plan qui coupe-
roit la fphére.

On dit que deux folides font femblables quand
ils font terminés par des plans femblables & également difpofés.

De la mefure des furfaces des folides.

97. Comme un prifme droit eft renfermé par
des rectangles, on peut dire que fa furface, fans
y comprendre les deux bafes, eft égal au produit
du contour d'une des bafes par la hauteur du prifme; car chaque côté de la bafe du prifme fert de
bafe à chacun des rectangles, & la hauteur eft la
même pour toutes les faces.

98. La furface d'une pyramide droite, fans y
comprendre la bafe, eft égale au produit du contour de la bafe par la moitié d'une ligne perpendiculaire abaiffée du fommet de la pyramide fur
un des côtés de la bafe. Ce qui eft clair, puifque
la pyramide eft terminée dans fon contour par des
triangles de même hauteur, & dont toutes les bafes réunies compofent le contour de la bafe de la
pyramyde.

99. On peut regarder le cylindre droit comme
un prifme d'une infinité de côtés; c'eft pourquoi
fa furface, fans y comprendre les bafes, fera égale
au produit du contour d'une de fes bafes par fa
hauteur (97.)

100. Le cône droit étant aussi une pyramide d'une infinité de côtés, sa surface, sans la base, est égale au produit du contour de la base par la moitié d'un de ses côtés, ou d'une ligne droite abbaissée perpendiculairement du sommet du cône sur la ligne qui termine la base.

101. Pour avoir la surface d'un cône tronqué, dont les deux bases sont parallèles, il faut multiplier un de ses côtés par la moitié de la somme des circonférences des deux bases ; car on peut regarder cette surface comme un trapèze dont les deux bases seroient égales aux circonférences des deux bases du cône tronqué, & on auroit la surface d'un trapèze en multipliant sa hauteur par la moitié de la somme des deux bases (78).

102. On peut dire également que la surface du cône tronqué est égale au produit d'un de ses côtés par une base moyenne entre les deux autres par la même raison.

103. De la mesure de la surface d'un cône tronqué, nous allons déduire celle d'une sphère, & pour y réussir qu'on conçoive la demie circonférence AKILD fig. 59, divisée en une infinité de petits arcs tels que KL. Ces arcs étant supposés infiniment petits peuvent être confondus avec leurs cordes & être par conséquent regardés comme des lignes droites. Cela posé qu'on tire les lignes KE & LF perpendiculaires sur le diamètre AD. Qu'on tire aussi au milieu des deux autres la parallèle IH.

Si on conçoit la ligne KL tourner autour du diamètre AD elle engendrera un cône tronqué, dont
le contour des bases sera exprimé par les circonférences formées par la révolution des points K & L,
& la base moyenne aura pour rayon la ligne IH.
Par conséquent la surface de ce cône sera égale
au produit KL par la circonférence dont IH sera
le rayon (102). Donc cette portion de la sphére
sera aussi égale à ce même produit. On diroit la
même chose de toute autre portion de la sphére
qui pourroit également se réduire à un cône tronqué en prenant l'arc pour la corde. Ces prépara-
tions étant faites, qu'on tire encore du point I le
rayon IC & la ligne KM parallèle à AD ou EF,
on aura les deux triangles KML & IHC semblables, puisque les côtés homologues sont perpendiculaires les uns sur les autres, ce qui donne nécessairement les angles correspondans égaux, les
côtés devenant parallèles si on fait faire un quart
de révolution à un des triangles. Donc on aura la
proportion KL : KM :: IC : IH. Donc en prenant
le produit des extrêmes & des moyens, on aura
KM$\times$IC$=$KL$\times$IH. Mais KL$\times$IH exprime
la surface du cône ou de la portion de la sphére
décrite par l'arc KL. Donc elle sera aussi exprimée
par KM$\times$IC. Or IC est un rayon d'un des grands
cercles de la sphére, & les rayons sont comme les
cercles. KM$=$EF qui est une portion du diamètre,
correspondant à la partie de la sphére formée par

l'arc KL. Donc ſi on prenoit toutes les parties de la ſphére, la ligne EF deviendroit le diamètre tout entier.

104. Donc on peut dire en général que la ſurface d'une ſphére eſt égale au produit de la circonférence d'un de ſes grands par ſon diamètre.

Il ſuit de cette propoſition : 1°. Que la ſphére eſt égale en ſurface à un cylindre circonſcrit, c'eſt-à-dire qu'on conçoit tellement environner une ſphére qu'il l'a touche par un de ſes grands cercles, & qui a la même hauteur que le diamètre de la ſphére. En effet, la ſurface d'un cylindre eſt égale au produit du contour d'une de ſes baſes par ſa hauteur (99); par l'hypothèſe le contour des baſes du cylindre eſt égal à un grand cercle de la ſphére, & ſa hauteur eſt égale au diamètre. Donc on a le même produit en multipliant la circonférence d'un grand cercle de la ſphére par ſon diamètre, ou le contour du cylindre par ſa hauteur.

105. 2°. Que la ſurface d'une ſphére eſt quadruple de celle d'un de ſes grands cercles : car la ſurface de la ſphére eſt égale au produit de la circonférence d'un des grands cercles par le diamètre, au lieu que la ſurface d'un cercle eſt égale au produit de la circonférence par la moitié du rayon ou le quart du diamètre (81).

3°. Que pour avoir la ſurface d'un ſegment, ou d'une ſection de la ſphére compriſe entre deux cercles parallèles, il faut multiplier la circonférence

d'un des grands cercles de la sphére par la partie
du diamètre comprise dans ce segment, ou dans
cette portion de la sphére, ce qui est évident par
la démonstration ci-dessus énoncée, puisque ce segment ou cette portion peuvent être conçus comme des cônes tronqués.

106. Lorsqu'on compare ensemble plusieurs solides pour avoir le rapport de leurs surfaces, ces
surfaces sont entr'elles comme les quarrés de leurs
côtés homologues. Car on peut regarder ces surfaces comme un assemblage de plusieurs plans semblables, & nous avons vu (86) que les plans sont
entr'eux comme les quarrés de leurs côtés homologues.

De la mesure de la solidité des corps.

107. Chercher la solidité d'un corps, c'est exa-
miner combien de fois un solide connu, par exemple, un pouce ou un pied cubique est contenu dans
le corps dont on mesure la solidité.

108. On connoît la solidité d'un prisme en multipliant sa base par sa hauteur : car je suppose qu'on
cherche la solidité d'un prisme dont la base con-
tienne quatre pouces quarrés, & dont la hauteur
soit de cinq pouces. Si on conçoit ce prisme coupé
en cinq tranches parallèles à la base & d'un pouce
de hauteur, la première qui sert de base, contiendra quatre pouces cubes ; on en trouvera cinq fois

autant dans tout le corps, puisque le prisme ayant cinq pouces de hauteur, on peut le diviser en cinq tranches égales. Donc on aura la solidité du prisme en multipliant sa base par sa hauteur.

109. Ce que nous venons de dire du prisme doit aussi s'entendre du cylindre, puisqu'il peut être regardé comme un prisme d'une infinité de côtés.

La proposition est également vraie, soit que le prisme ou le cylindre soit droit ou oblique; car on pourra également diviser l'oblique en autant de tranches égales à la base qu'il y a de parties dans la hauteur.

110. Les pyramides qui ont même base & même hauteur sont égales en solidité: car ayant la même hauteur elles auront le même nombre de tranches parallèles, & les bases étant les mêmes, les tranches correspondantes seront nécessairement égales, puisqu'elles seront terminées par des lignes comprises entre des parallèles, ce qui les rend proportionnelles (56).

Nota. Ce que nous allons dire du prisme triangulaire, peut aussi s'entendre de tout autre, puisque l'on peut réduire tout polygone en triangles en tirant d'un des angles des diagonales à tous les autres.

111. Toute pyramide est le tiers d'un prisme de même base & de même hauteur, ce qui sera démontré si tout prisme triangulaire peut se décomposer en trois pyramides égales entr'elles, de mê-

me bafe & de même hauteur que le prifme ; ce
qu'on peut facilement faire voir.

Soit le prifme triangulaire CADEBF fig. 60, fi
on conçoit un plan qui coupe le prifme par l'angle A, enforte qu'il paffe par les diagonales AE &
AF, la fection formera la pyramide EAFB qui a
la même bafe que le prifme, fçavoir, le triangle
EBF & la même hauteur, puifque fon fommet eft
un point de la bafe fupérieure du prifme.

Si on conçoit pareillement qu'un plan coupe le
refte du prifme par l'angle F en paffant par les diagonales FA & FC, il en réfultera deux autres pyramides, dont l'une eft AFCD qui a même bafe
& même hauteur que le prifme auffi-bien que la
première, l'autre fera ECAF dont la figure eft fort
irréguliére. La première & la feconde font évidemment égales, puifqu'elles ont même bafe &
même hauteur ; la feconde & la 3e font encore
égales entr'elles ; car on peut prendre pour bafe
de la feconde le triangle FDC, & pour bafe
de la troifiéme le triangle CEF, qui font égaux,
puifqu'ils font chacun la moitié du parallélogramme qui exprime un des côtés du prifme. Elles ont
encore même hauteur, puifqu'elles finiffent toutes
les deux au point A. Donc chacune de ces pyramides eft le tiers du prifme. Donc on peut dire en
général, qu'une pyramide eft le tiers d'un prifme
de même bafe & de même hauteur.

112. Cela pofé on voit facilement que pour trouver la folidité d'une pyramide, il faut mult

la bafe par le tiers de la hauteur, puifque cette pyramide eft le tiers d'un prifme de même bafe & de même hauteur, & qu'on trouve la folidité d'un prifme en multipliant la bafe par toute la hauteur.

113. Nous avons dit qu'on peut confidérer un cône comme un pyramide, dont le contour de la bafe eft un polygone d'une infinité de côtés, & le cylindre comme un prifme : d'où il s'enfuit que le cône eft le tiers d'un cylindre de même bafe & de même hauteur & que pour en trouver la folidité il faut multiplier fa bafe par le tiers de fa hauteur.

114. Si on cherchoit la folidité d'un cône tronqué il faudroit l'achever, chercher la folidité de tout le cône & en retrancher celle du petit cône fupérieur, le refte fera la folidité du cône tronqué. On feroit la même chofe pour une pyramide tronquée.

115. On peut concevoir une fphére comme un compofé de couches les unes fur les autres, depuis le centre jufqu'à la furface, ou de furfaces qui vont toujours en diminuant jufqu'au centre. Si on conçoit toutes ces furfaces développées & entaffées les unes fur les autres, on aura un cône dont la bafe fera égale à la furface de la fphére & la hauteur égale au rayon. Donc on trouvera la folidité de la fphére en multipliant fa furface par le tiers du rayon.

La folidité d'un fecteur fphérique eft égale au produit de la portion de la furface qui lui fert de bafe par le tiers du rayon, puifqu'on peut le regarder comme un cône dont cette portion de la furface de la fphére qui y répond feroit la bafe.

A l'égard du segment, comme il est toujours une portion du secteur, il faut l'achever, en chercher la solidité ; en ôter ensuite le cône qui se trouve depuis le segment jusqu'au centre ; le reste donnera la solidité du segment qu'on cherche.

On peut mesurer les autres solides en les décomposant en prismes ou en pyramides.

116. Si on compare ensemble plusieurs solides semblables, on peut dire qu'ils sont entr'eux comme les cubes de leurs côtés homologues. Car leur solidité se trouve toujours en multipliant leur base par une partie aliquote de leur hauteur ou par leur hauteur toute entière. La surface de leur base est déjà comme le quarré des côtés homologues auxquels les hauteurs sont proportionnelles dans des figures semblables. Donc pour avoir la solidité on multiplie le quarré d'un côté homologue par un autre dimension proportionnelle, ce qui est la même chose que de multiplier un quarré par sa racine, ce qui donne nécessairement le cube.

On pourroit encore le prouver d'une autre manière plus courte. Les solides ont les trois dimensions de longueur, largeur & profondeur. Désignons ces trois dimensions par A, B, C. & que A marque la hauteur ou profondeur. Nous avons vu que les surfaces des bases étoient entr'elles comme B^2 ou C^2. On aura donc le rapport de deux solides par cette proportion $S : s :: AB^2 : ab^2 :: AC^2 : ac^2$; mais dans des solides semblables $A : B :: a : b$ ou

$A : C :: a : c.$ Donc en fubftituant on aura $S : s ::$ $A^3 : a^3 :: B^3 : b^3 :: C^3 : c^3.$

Si deux folides de la même efpèce, comme deux prifmes ont mêmes bafes, leur folidités feront comme leurs hauteurs, & s'ils ont même hauteur la folidité fera comme les bafes ou comme les quarrés d'une des dimenfions de leurs bafes. Car dans la proportion ci-deffus $S : s :: AB^2 : ab^2$. Si $B^2 = b^2$. On pourra divifer les deux termes du fecond mem_ bre par ces quantités & il reftera $S : s :: A : a$ & fi $A = a$ il reftera après la divifion $S : s :: B^2 : b^2$, & dans deux folides égaux les hauteurs feront en raifon inverfe des bafes. Car la proportion des fo- lides donnoit pour équation $Sab^2 = sAB^2.$ Donc fi $Ss =$ & qu'on divife par cette quantité, il reftera AB^2 $= ab^2$; d'où réfulte la proportion $A : a :: b^2 : B^2$.

117. En parlant du rapport des folides, nous ajoûterons que la fphére eft au cylindre circonf- crit comme 2 eft à 3, ou qu'elle en eft les deux tiers. Car nous avons vu qu'on a la folidité d'un cylindre en multipliant fa bafe par fa hauteur (109). La bafe d'un cylindre circonfcrit eft égale à la fur- face d'un des grands cercles de la fphére. Ce qui donne la folidité d'un cylindre circonfcrit égale au produit d'un grand cercle de la fphére, par la hau- teur du cylindre ou par le diamètre de la fphére. D'ailleurs la folidité de la fphére eft égale au pro- duit de fa furface par le tiers du rayon (115). Et fa furface étant quadruple de celle d'un de fes grands cercle (105). On peut dire que la folidité de la

sphére est égale au produit de quatre fois un de
ses grands cercles par le tiers du rayon, ou ce qui
est la même chose, au produit d'un de ses grands
cercles par quatre fois le tiers du rayon ou deux
tiers du diamètre, donc puisque celle du cylindre
se mesure par tout le diamètre il s'ensuit nécessairement que la sphére est les deux tiers du cylindre.

LIVRE IV.

De la Trigonométrie.

118. **L**A trigonométrie, comme le mot l'indique
assez, traite de la mesure des triangles,
dont on parvient à connoître les différentes parties
par le moyen de celles qu'on connoissoit déja.

Comme on se sert dans la trigonométrie de *sinus*,
de *tangentes* & de *sécantes*, nous allons expliquer
ce qu'on entend par ces lignes.

119. Le *sinus* d'un arc est une ligne abbaissée perpendiculairement de l'extrémité de cet arc sur le
rayon qui passe par l'autre extrémité, comme GH
fig. 61. cette ligne est aussi le sinus de l'angle GCF
mesuré par l'arc GF.

Le sinus de l'angle ou de l'arc qui sert de complément à un autre s'appelle *co-sinus* : Ainsi GD
sinus de l'arc GA est le *co-sinus* de l'arc GF. Il est
clair que ce co-sinus est égal à la ligne CH, qui
est la partie du rayon comprise entre le centre &
le sinus.

On appelle *sinus-verse*, la partie du rayon comprise entre le sinus & l'arc. Ainsi HF est le *sinus-verse* de GF.

Le sinus d'un arc de 90 dégrés est le rayon ; c'est pourquoi dans les analogies de la trigonométrie, au lieu de dire *le sinus d'un angle droit*, on dit ordinairement le *rayon*, qu'on appelle aussi *sinus-total*.

120. La *tangente* d'un arc est une ligne tirée perpendiculairement sur l'extrémité du rayon, & terminée par un autre rayon prolongé qui passe par l'extrémité de l'arc : ainsi la ligne AE est la tangente de l'arc AG & de l'angle ACG mesuré par cet arc. La tangente du complément de l'arc ou de l'angle s'appelle la *co-tangente* : ainsi FI est la *co-tangente* de l'arc AG & de l'angle ACG.

121. Le rayon prolongé jusqu'à la tangente s'appelle *sécante* : ainsi CE est la *sécante* de l'arc AG, & ce même rayon prolongé jusqu'à la co-tangente comme CI prend le nom de *co-sécante*.

On détermine la valeur de ces lignes *sinus*, *tangentes* & *sécantes* par leur rapport avec le rayon qu'on suppose divisé ordinairement en 100000 parties égales. Au lieu des nombres naturels pour exprimer ces valeurs on se sert plus ordinairement des Logarithmes correspondans à ces nombres, parce que les opérations en sont plus faciles & beaucoup plus abrégées. Le Logarithme du sinus total a pour caractéristique 10 avec ordinairement six décima-

yes, ce qui suppose pour lors le rayon divisé en
1000000000 parties.

122. Le sinus d'un angle obtus est le même que
celui de son supplément : ainsi la ligne GD sinus
de l'angle GCA est aussi le sinus de l'angle obtus
BCG qui est son supplément. Il faut dire la même
chose des tangentes & des sécantes.

Avant que d'aller plus loin, nous allons établir
quelques propositions dont la connoissance pourra
servir dans la suite.

123. 1°. *Le sinus de 30 dégrés est égal à la moitié du rayon* : car il est évident que le sinus d'un arc
quelconque est la moitié de la corde d'un arc double, puisqu'en prolongeant ce sinus de l'autre côté
du rayon jusqu'à la circonférence, il termineroit
un arc égal au premier, comme on voit que la ligne GL formée par le sinus GH prolongé au-dessous
du rayon jusqu'à la circonférence devient la corde
de l'arc GL double de GF. (30) Il reste donc à
faire voir que la corde de 60 dégrés est égale au
rayon, ce qui est facile. Je suppose que l'arc BA
fig. 62 soit de 60 dégrés : si on tire à ses deux extrémités les rayons CA & CB, on aura le triangle
CAB dans lequel la ligne BA est la corde de 60 dégrés.
Dans ce triangle l'angle B est de 60 dégrés aussi bien
que l'angle C qui a pour mesure AB ; car si on prolonge la ligne BC jusqu'en D, on aura l'angle inscrit
ABD qui a pour mesure la moitié de AD, c'est-à-dire
60 dégrés, puisque si de la demi-circonférence BAD

qui

qui eft de 180 dégrés on ôte AB de 60, AD fera
néceffairement de 120 dont la moitié eft 60. Par
conféquent l'angle A fera auffi de 60 dégrés. Donc
le triangle fera équilatéral ayant tous fes angles
égaux. Donc on aura AB=AC ou BC qui font
deux rayons.

124. De cette propriété de la corde de 60 dégrés, on voit qu'on peut divifer une circonférence
en 6 parties égales, & qu'on peut y infcrire un
hexagone en portant 6 fois le rayon fur cette circonférence.

125. 2°. *La tangente de 45 dégrés eft égale au rayon :*
car dans le triangle formé par la tangente, le rayon
& la fécante, l'angle oppofé à la fécante eft droit,
puifque la tangente eft perpendiculaire fur le rayon.
Donc fi l'angle oppofé à la tangente eft fuppofé de
de 45 dégrés, celui qui eft oppofé au rayon fera
auffi de 45 dégrés (48). Donc les côtés oppofés à
ces angles, c'eft-à-dire, la tangente & le rayon feront égaux (49).

126. 3°. *Le co-finus d'un arc eft à fon finus, com-*
me le rayon eft à la tangente de ce même arc. Car fi
on confidére les deux triangles IFC, GHC, on
aura la proportion CH : GH : : CF : IF, puifque IF
& GH étant parallèles donnent néceffairement les
angles correfpondans égaux & les triangles femblables.

127. 4.° *Le rayon eft moyen proportionnel entre le*
co-finus & la fécante d'un arc. Car on a les deux

II, Partie.   D

triangles IFC & GHC semblables. Donc on pourra dire CH : CG :: CF : CI; mais CH est le co-sinus de l'arc GF; CF & CG sont deux rayons, & CI est la sécante de ce même arc.

D'où l'on voit que quoique les sécantes ne soient pas ordinairement dans les tables, on peut facilement trouver leur logarithmes en soustrayant le logarithme co-sinus du double du rayon ou de 20.000000.

128. Il suit encore de cette proposition que *les co-sinus de deux arcs sont en raison inverse de leur sécante.* Car si on prend les deux arcs GF & AG on aura

Cof. AG : R :: R : sec. AG

Cof. GF : R :: R : sec. GF.

Dans ces deux proportions les moyens étant les mêmes, le produit des extrêmes de l'une doit être égal au produit des extrêmes de l'autre. On pourra donc établir une nouvelle proportion dans laquelle les extrêmes d'une des précédentes serviront de moyens, & ceux de l'autre d'extrêmes; ce qui donnera

Cof. AG : cof. GF :: sec. GF : sec. AG.

139. 5°. *Le rayon est moyen proportionnel entre la tangente d'un arc & sa co-tangente.* En effet, les triangles CFI, & CAE sont semblables à cause des parallèles AC, IF & AE, CF. Donc aura la proportion.

$$IF : CF :: CA : AE.$$

Dans laquelle IF est la tangente de l'arc GF, CF & CA deux rayons & AE co-tangente. On pourra donc établir les deux proportions suivantes.

$$\text{Tang. GF} : R :: R : \text{cot. GF}$$

$$\text{Tang. AG} : R :: R : \text{cot. AG.}$$

& en établissant une nouvelle proportion par le moyen des extrêmes des deux autres on aura

$$\text{Tang. GF} : \text{Tang. AG} :: \text{cot. AG} : \text{cot. GF.}$$

130. Où l'on voit que *les tangentes de deux arcs sont en raison inverse avec leurs co-tangentes.*

131. 6°. *Dans tout triangle rectiligne le sinus d'un angle est au côté opposé, comme le sinus d'un autre angle est au côté opposé à cet angle.* Pour le démontrer qu'on se rappelle que tout triangle peut être inscrit comme ABC fig. 63. Si on tire du centre les lignes DE, DF & DG perpendiculairement sur les côtés du triangle, chacun de ces côtés sera coupé en deux aux points H, I, L. L'angle C aura pour mesure la moitié de AB ou EB, & pour sinus la ligne BH ; l'angle A aura pour mesure FC & pour sinus CI ; l'angle B aura pour mesure AG & pour sinus AL. Or, on voit clairement que HB : AB :: IC : BC :: AL : AC, puisque on a par-tout le rapport des moitiés avec leur tout.

132. 7°. *Dans tout triangle scalène la somme de*

D ij

deux côtés est à leur différence comme la tangente de la moitié de la somme des angles opposés à ces côtés est à la tangente de la moitié de leur différence.

Pour le démontrer, soit le triangle BAC, fig. 64. Si on prolonge le côté BA jusqu'en D ensorte que AD=AC, la ligne BAD exprimera la somme des deux côtés BA & AC, & l'angle extérieur DAC exprimera la somme des deux angles intérieurs B & C opposés à ces deux côtés. (46) Si on tire la ligne DC & sur celle-ci la perpendiculaire AF, cette perpendiculaire coupera la ligne DC en deux parties égales au point F & partagera en même tems en deux, l'angle DAC, puisque ayant AD=AC, on peut regarder ces deux lignes comme deux rayons, la ligne DC comme une corde & le point A comme centre (30). Donc l'angle DAF moitié de DAC exprimera la moitié de la somme des angles B & C. Si on tire ensuite la ligne AE, parallèle à la base du triangle, on aura l'angle DAE égal à l'angle B correspondans. Donc le petit angle EAF est égal à la moitié de la différence des deux angles. (Algèbre 118) Si on tire aussi la ligne HF, parallèle à la base, la ligne DB se trouvera coupée en deux au point H, puisque DC s'y trouve coupée au point F & qu'à cause des parallèles les parties des deux lignes doivent être proportionnelles (56). Donc la partie AH exprimera la moitié de la différence entre les deux côtés AB & AC. DF étant perpendiculaire sur AF, qu'on peut prendre pour un rayon, peut être regardée comme la tangente de l'angle DAF moitié de la fomme des deux angles, & EF comme la tangente de la moitié de la différence.

Cela pofé à caufe des parallèles AE & HF on a la proportion DH : AH :: DF : EF. Donc on pourra dire la moitié de la fomme des côtés & à la moitié de leur différence, comme la tangente de la moitié de la fomme des angles eft à la tangente de la moitié de leur différence ; ou, comme les moitiés font proportionnelles avec les entiers, la fomme des deux côtés eft à leur différence, comme la tangente de la moitié de la fomme des angles eft à la tangente de la moitié de leur différence.

Nota. Dans cette démonftration nous avons fuppofé une propofition prouvée en algèbre (118), que de deux fommes inégales, la plus petite égale la moitié de la fomme des deux, moins la moitié de la différence ; d'où s'enfuit réciproquement que la moitié de la différence égale la moitié de la fomme des deux, moins la plus petite.

133. 8°. *Dans un triangle fcalène comme* BAC fig. 65 , *le grand côté eft à la fomme des deux autres comme la différence entre ces deux côtés eft à la différence entre les deux fegmens formés par une perpendiculaire abbaiffée de l'angle A fur le côté oppofé.*

Pour le démontrer du point A comme centre qu'on décrive une circonférence qui ait pour rayon le petit côté AC ; qu'on prolonge le côté BA juf-

qu'en F, la ligne AF, étant un rayon fera égale
au côté AC ainfi que la partie GA; & la ligne entiére BAF fera égale à la fomme des deux côtés,
dont BG fera la différence. La perpendiculaire AD
partant du centre coupera en deux parties égales
la corde EC au point D (30), enforte que ED fera
égal au petit fegment DC, & la partie BE du grand
fegment BD exprimera différence entre les deux
fegmens. Les lignes BF & BC étant deux fécantes
extérieures qui partent du même point B, on aura
la proportion BC : BF :: BG : BE (66). Donc on
pourra dire, le grand côté eft à la fomme des deux
autres, comme la différence entre ces deux autres
eft à la différence entre les deux fegmens.

Ces principes établis nous allons paffer à la ré-
folution des triangles rectilignes dont on connoît
un côté & deux angles : deux côtés & un angle
oppofé à un de ces côtés ; deux côtés & l'angle compris, ou enfin les trois côtés : car de la connoif-
fance des trois angles on ne peut rien conclure,
puifque des triangles qui ont les trois angles correfpondans égaux, peuvent avoir des côtés différens, les angles ne dépendant point de la longueur
des côtés.

PROBLÊME I.

134. Connoiffant un côté & deux angles, trouver celui qu'on voudra des deux autres côtés.

Soit le triangle ABC fig. 66, Dont on connoît

le côté BC & les angles B & C : on connoîtra facilement l'angle A en ôtant la somme des deux autres de 180 dégrés ; ensuite on fera la proportion
suivante.

$$\text{Sin. A : BC : : Sin. B : AC : : Sin. C : AB}$$

ce qui a été démontré au principe 6e la proportion ainsi établie, on additionne les logarithmes
des deux moyens ; de leur somme on ôte le logarithme du premier extrême ; le reste donne le logarithme du côté qu'on cherche, & qui se trouvera dans la table des logarithmes des nombres
naturels.

135. On peut appliquer ce problème pour mesurer la hauteur d'une tour accessible ou inaccessible, la largeur d'une rivière ou la distance de quelque objet qu'on apperçoit.

1°. Je suppose la tour AB fig. 67 accessible, &
qu'on soit placé au point D, on mesurera d'abord
la ligne BD ou la distance du point D au centre
de la tour ; on mesurera ensuite l'angle D ; l'angle
B étant supposé droit dans le triangle DAB on connoît la base DB, l'angle D & l'angle B, d'où l'on
conclura facilement l'angle A. Cela posé on établira
la proportion suivante.

$$\text{Sin. A : DB : : Sin. D : AB.}$$

Le quatrième terme étant trouvé donnera la hauteur cherchée.

Nota. 1°. On mesure les angles dont nous ve-

D iv

nons de parler & autres semblables par le moyen
d'un *graphomètre*, qui est un demi-cercle ou un cercle entier gradué, portant deux pinnules sur un
de ses diamètres, & une alidade ou règle mobile
fixée au centre, sur laquelle font aussi deux pinnules. L'angle formé par le diamètre & l'alidade
est le même que celui que l'on cherche, & sa valeur est le nombre de dégrés compris entre les
deux.

2°. Si le point D dans l'exemple précédent n'é-
toit point à la même élévation que le point B ou
le pied de la tour, ce qui se reconnoîtra facilement
en disposant le diamètre du graphomètre horizon-
talement par le moyen d'un fil à plomb sur 90 dégrés, il faudroit remarquer la différence pour y
avoir égard, lorsqu'on veut avoir la hauteur pré-
cise de la tour.

2°. Si la tour AB est supposée inaccessible,
on prendra une base comme CD sur le terrein,
on mesurera l'angle C & l'angle D, d'où l'on pourra
conclure l'angle A du triangle CAD, & établir la
proportion suivante:

Sin. A : CD :: Sin. C : AD

ensuite connoissant le côté AD, on cherchera l'angle D du triangle ADB, d'où l'on conclura l'angle A qui est son complément, l'angle B, que forme
la tour avec le terrein, devant être supposé droit.
Et on établira la proportion suivante.

I

Sin. B ou R : AD :: Sin. D : AB.

Cette méthode peut fervir auffi à trouver la hauteur perpendiculaire d'une montagne, en prenant
également vers fon pied une bafe, des deux extrémités de laquelle on allignera quelque objet remarquable au haut de la montagne, enfuite ayant
trouvé le côté AD du triangle ADC, on cherchera
l'angle D du triangle ADB formé par le rayon vi-
fuel DA, par la hauteur perpendiculaire AB & par
l'horizontale BD qui réfultera de la pofition horizontale du diamètre du graphomètre. Le refte fe
fera comme pour la tour.

3°. Je fuppofe que AB fig. 66 exprime la largeur d'une riviére que l'on cherche ; on prendra
fur le bord de la riviére, où l'on fe trouve la diftance BC pour bafe, & fixant enfuite quelque objet
remarquable de l'autre côté, comme le point A,
on mefurera les deux angles B & C, d'où l'on conclura l'angle A, & on dira

Sin. A : BC :: Sin. C : AB.

On feroit la même chofe fi on cherchoit la diftance du lieu où l'on eft à quelque objet qu'on apperçoit, parce qu'on pourroit toujours fuppofer
cet objet au point A & former le triangle BAC.

D v

PROBLÊME II.

136. Connoissant deux côtés & un angle opposé à un de ces côtés connoître le troisiéme côté.

Je suppose qu'on connnoît les côtés AB & AC, & l'angle C fig. 66. On pourra dire en commençant l'analogie par les côtés connus,

$$AB : Sin. C : : AC : Sin. B$$

ce qui fera connoître l'angle B, d'où l'on conclura l'angle A, & l'ayant connu on établira la proportion.

$$Sin. C : AB : : Sin. A : BC.$$

Nota. Il faut connoître au moins de qu'elle espèce est l'autre angle opposé à un des côtés connus, sçavoir s'il est aigu ou obtus, puisque le sinus d'un angle aigu étant le même que celui de l'angle obtus qui est son supplément (122), la connoissance du sinus que l'on obtient par la premiére proportion, ne peut déterminer si l'angle cherché est aigu ou obtus, ce qui est cependant absolument nécessaire pour déterminer le reste du triangle

PROBLEME III.

137. Connoissant deux côtés d'un triangle & l'angle compris entre ces deux côtés, connoître le troisiéme côté.

Je suppose que dans le triangle ABC fig. 66, on connoit les deux côtés AB, AC & l'angle A, pour connoître les angles B & C on fera la proportion suivante. *La somme des deux côtés est à leur diffé-rence, comme la tangente de la moitié de la somme des angles B & C, qui joints avec l'angle A forment tou-jours 180 dégrés, est à la tangente de la moitié de leur différence* (132).

Quand on aura trouvé cette demi-différence des deux angles, on l'ajoûtera à la moitié de la somme pour avoir la valeur de l'angle opposé au plus grand côté, & on l'en ôtera pour avoir l'autre. Ensuite connoissant les angles B & C, pour avoir le côté BC on dira

$$\text{Sin. } B : AC :: \text{Sin. } A : BC$$

138. Ce problême peut servir pour mesurer la distance entre deux objets inaccessibles.

Je suppose que ces deux objets soient aux points A & B fig. 68. On prendra d'abord une base com-me CD que l'on mesurera ainsi que les angles ACD & CDA, & on établira la proportion

$$\text{Sin. } A : CD :: \text{Sin. } C : AD$$

ce qui fera connoître la ligne AD. Ensuite on me-surera les angles BCD & CDB, & on dira pour le triangle BCD

$$\text{Sin. } B : CD :: \text{Sin. } C : BD$$

ce qui donnera la ligne BD. Il sera facile aussi de mesurer l'angle ADB compris entre les rayons vi-suels DA, DB. Connoissant dans le triangle BDA les deux côtés AD, BD & l'angle D, on déter-

D vj

minera facilement le côté AB que l'on cherche par
ce que nous ayons établi pour la folution du problême.

PROBLÊME IV.

139. Connoiffant les trois côtés d'un triangle ;
trouver 1°. les angles oppofés à ces côtés; 2°. les fegmens formés par une perpendiculaire abbaiffée fur
le grand côté, 3°. la perpendiculaire.

Je fuppofe que dans le triangle ABC fig. 65 , on
connoit les 3 côtés AB, AC, BC , on connoîtra d'a-
bord les fegmens BD & DC en difant : *le grand côté*
BC *eft à la fomme des deux autres* AB, AC *comme la
différence entre ces deux côtés eft à la différence entre
les deux fegmens* BD, DC (133). On prendra enfuite la moitié de cette différence, & l'ajoutant à
la moitié de BC, on aura le grand fegment BD,
& le petit DC en ôtant cette même demie-diffé-
rence de la moitié de BC.

Pour trouver l'angle C on dira

$$AC : Sin. D \text{ ou } R :: DC : Sin. A \text{ ou cof. } C$$

on pourra également trouver l'angle B par le moyen
de l'autre triangle rectangle ADB en difant

$$AB : R :: BD : Sin. A \text{ ou cof. } B.$$

Enfin il fera facile de trouver la perpendiculaire
AD par le moyen d'un des Triangles ADC ou ADB
en difant

$$R : AC :: Sin. C : AD \text{ ou } R : AB :: Sin. B : AD.$$

Remarquez que pour opérer sur ces triangles, il n'est pas nécessaire de tirer réellement la perpendiculaire AD ; il suffit de la concevoir.

OBSERVATIONS.

1°. La méthode que nous venons de donner pour trouver une perpendiculaire dans un triangle dont on connoît les trois côtés peut servir dans le cas où l'on chercheroit la surface d'un triangle dont on pourroit connoître les trois côtés, sans pouvoir en mesurer la hauteur à cause des obstacles qui s'y rencontreroient. On chercheroit la perpendiculaire comme nous venons de l'indiquer, & la multipliant par la moitié du côté sur lequel on l'a concevroit abbaissée, on auroit la surface demandée.

2°. On peut encore cependant se passer de cette perpendiculaire en connoissant un des angles, par exemple, l'angle B fig. 65, on additionne ensemble les Logarithmes des deux côtés qui renferment l'angle, avec le logarithme sinus de cet angle & de la somme on ôte le logarithme du rayon ; le reste donnera un nombre dont la moitié sera la surface du triangle ACB, de façon que l'on pourra dire

Log. 2S=Log. BC+Log. AB+Log. Sin. B—Log.R.

pour le prouver je suppose qu'on eût la perpendiculaire AD, on auroit la surface en faisant

$$S = \frac{BC \times AD}{2} \text{ ou } 2S = BC \times AD \text{ ou enfin}$$

par les Logarithmes ;

$$\text{Log. } 2S = \text{Log. BC} + \text{Log. AD}$$

mais pour trouver la perpendiculaire AD, connoissant l'angle B on diroit

$$R : AB :: \text{Sin. } B : AD \text{ ou } AD = \frac{AB \times \text{Sin. } B}{R}$$

ou enfin opérant par les Logarithmes

$$\text{Log. AD} = \text{Log. AB} + \text{Log. Sin. B} - \text{Log. R}$$

Donc en substituant la valeur trouvée de AD à sa place dans la proportion.

$$\text{Log. } 2S = \text{Log. BC} + \text{Log. AD.}$$

on pourra dire,

$$\text{Log. } 2S = \text{Log. BC} + \text{Log. AB} + \text{Log. Sin. B} - \text{Log. R}$$

Il est évident qu'on trouveroit auſſi facilement la ſurface d'un parallélogramme dont on connoîtroit deux côtés & l'angle compris, puiſqu'un parallélogramme eſt le double d'un triangle de même baſe & de même hauteur.

3°. Quoique nous nous ſoyons ſervis juſqu'ici des ſinus pour réſoudre les triangles, on peut encore ſe ſervir des tangentes pour les triangles-rectangles. Par exemple, dans le triangle ABC fig. 66, ſi on conſidére AC comme un rayon ; AB deviendra le ſinus de l'angle C ; mais ſi on connoiſſoit BC & qu'on voulut le prendre pour rayon, alors AB deviendroit tangente du même angle C & on pourroit avoir la valeur de AB en diſant

$$R : BC :: \text{Tang. C} : AB.$$

De la Trigonométrie sphérique.

La Trigonométrie sphérique sert à résoudre les triangles sphériques.

140. On entend par triangles sphériques, ceux qui sont formés par 3 arcs de cercles, qu'on conçoit décrits sur une sphére, ou formés par des cercles dont les plans se coupent. Nous ne parlerons que de ceux qui sont formés par des grands cercles de sphéres, comme ABE, fig. 69.

Les angles sphériques se mesurent par un arc éloigné de 90 dégrés du sommet de ces angles; ainsi l'angle GAH aussi bien que l'angle BAE se mesure par l'arc EB éloigné de 90 dégrés du sommet A. Les points A & D, où se coupent les arcs s'appellent les poles de la sphére.

Comme les côtés des triangles sphériques, sont des arcs, on prend leurs sinus dans les analogies, au lieu de prendre simplement ces côtés, parce que les sinus expriment les dégrés qui leur servent de mesure.

Il y a des principes propres pour la résolution des triangles sphériques rectangles, & d'autre pour les obliquangles.

Principes pour les triangles rectangles.

141. 1°. Dans un triangle sphérique rectangle, le

finus d'un angle est au finus du côté qui lui est oppo-
sé, comme le finus d'un des autres angles est au finus
opposé à cet angle.

Pour le démontrer, soit le triangle sphérique
ABC rectangle en B, fig. 70. Qu'on prolonge les
côtés AB & AC, jufqu'à 90 dégrés en D & en E.
Qu'on tire du point F, comme centre, les rayons
FA, FB, FD & FE; la ligne EH, abaissée perpendiculairement du point E sur le rayon FD, sera le
finus de l'arc DE ou de l'angle A, dont DE est la
mesure. La ligne C G, perpendiculaire fur le rayon
FA, servira de finus à l'arc AC, & la ligne CI,
perpendiculaire fur le rayon FB, sera le finus de
l'arc BC. Si on achève le triangle GI, par le
moyen de la ligne GI, on aura les deux triangles
GCI & FEH femblables, puifque les angles G & F
font égaux, étant formés par la même ouverture
des deux plans, & que d'ailleurs les deux angles
H & I, font tous deux droits, étant formés par les
lignes EH & CI, perpendiculaires fur le même
plan, à cause des rayons FB & FD, qui font tous
les deux dans le plan du cercle, dont ABD est un
arc. Donc on aura

$$FE : GC :: EH : CI.$$

ou le rayon, qui est le finus de l'angle droit B,
est au finus de l'arc opposé AC, comme le finus
de l'angle A, est au finus du côté opposé BC. On
pourroit démontrer la même chose pour l'angle C

rélativement au côté AB, en prenant le point C pour pole, & prolongeant les côtés CA & CB, jusqu'à 90 dégrés.

142. 2°. *Dans tout triangle sphérique rectangle, le sinus total est au sinus d'un des côtés adjacents à l'angle droit, comme la tangente d'un des angles obliques est à la tangente de l'arc opposé à cet angle.*

Soit par exemple, le triangle sphérique ABC, rectangle en B, fig. 71. Qu'on prolonge les côtés AB & AC jusqu'à 90 dégrés, c'est-à-dire, jusqu'en D & E, pour lors l'arc DE sera la mesure de l'angle A, dont DG est la tangente, & FG la sécante, en prenant le point F pour centre; les lignes FA, FD seront des rayons. Si du point B on conçoit la ligne B H, abaissée perpendiculairement sur le rayon F A, elle sera le sinus de l'arc AB. Qu'on tire du point B sur HB, la perpendiculaire BI, elle sera la tangente de l'arc BC. Enfin si du point H on tire la ligne HI pour terminer le triangle, on aura les deux triangles HBI & FDG semblables, puisqu'en premier lieu les angles B & D sont droits, étant formés par des tangentes perpendiculaires sur le plan de l'arc ABD, & que d'ailleurs l'angle H & l'angle F sont encore égaux, étant formés par l'ouverture des mêmes plans. On aura donc,

$$FD : HB :: DG : BI \text{ ou } R : \sin. AB :: \tan.$$
$$A : \tan. BC.$$

143. 73°. Lorsqu'on ne peut résoudre un triangle sphérique par les deux principes précédens, on prolonge deux des côtés & on forme un nouveau triangle semblable & complémentaire du premier qui sert à trouver les inconnus du triangle donné. Par exemple, je suppose que dans le triangle sphérique ABC, rectangle en B, fig. 7. On connoît le côté AC & l'angle A, & qu'on cherche le côté AB; on ne peut résoudre ce problème par les deux principes précédens, ne connoissant point l'angle C, opposé au côté AB, ni le côté BC, opposé à l'angle A. Ainsi on prolongera les côtés AB, & AC, jusqu'à 90 degrés en D & en E; on tirera l'arc DE du pole A, qu'on prolongera jusqu'en F, aussi bien que l'arc BC, ensorte que le point F deviendra le pole de l'arc ABD. Il se trouvera pour lors un nouveau triangle FEC, rectangle en E, puisque les deux arcs AB & AC sont supposés prolongés jusqu'à 90 degrés. Dans ce triangle on connoit le côté EF, complément de l'angle A ou de DE, qui le mesure. On connoît encore l'arc CE complément de AC, donc on pourra dire (142.)

R : sin. EF ou cos. A :: tang. F ou cot. AB :: tang. CE ou cot. AC.

Principes pour les triangles obliquangles.

La résolution de ces triangles dépend des cinq principes suivans.

144. 1°. *Si on a les deux triangles sphériques* ABC *& DEF , fig. 73 qui soient tels que chaque angle du petit , soit le pole du côté opposé du grand , chaque côté du triangle* DEF *sera supplément · de l'angle opposé dans le petit & réciproquement.*

Pour le prouver, qu'on prolonge les arcs AC & AB jusqu'en H & en G. Si A est le pole de EF , E sera aussi le pôle de ACG , puisque C étant le pole de ED , le point E sera éloigné de 90 dégrés de ACG. Par la même raison , F sera le pole de ABH. Donc l'arc EG sera de 90 dégrés , aussi bien que l'arc HF. Donc EG + HF = 180°. Mais EG + HF = EF + GH. Donc EF + GH = 180. Or GH est la mesure de l'angle A , en étant éloigné de 90°. Donc l'angle A + EF = 180.

Si on prolonge BA jusqu'en I, on aura BI = 90°. aussi bien que HA. Donc HA + BI ou HI + AB = 180°. Donc puisque HI est la mesure de l'angle F , F étant le pole de AB, on pourra dire que l'angle F + AB = 180°.

145. 2°. *Dans tout triangle sphérique , les sinus des angles sont toujours proportionnels aux sinus des côtés qui leurs sont opposés.* Car si on prend le triangle obliquangle BAC, fig. 75. & qu'on abaisse de l'angle A sur BC, l'arc perpendiculaire AD , on aura les deux triangles rectangles ADB & ADC, & on pourra dire pour le premier (141)

$$\sin. \; B : \sin. \; AD :: R : \sin. \; AB$$

& pour l'autre, fin. C : fin. AD : : R : fin. AC

Mais comme, dans ces deux proportions, les moyens font les mêmes, on peut rétablir avec les extrêmes la proportion fuivante :

$$\text{fin. B : fin. C : : fin. AC : fin. AB}$$
$$\text{ou fin. B : fin. AC : : fin. C : fin. AB.}$$

On prouveroit la même chofe pour l'angle A relativement au côté BC, en tirant une perpendiculaire de l'angle C fur AB, ou de l'angle B fur AC.

146. 3°. *Dans tout triangle fphérique obliquangle, comme* BAC, *fig.* 74, *fi d'un des angles on abaiffe un arc perpendiculaire fur le côté oppofé, les cofinus des fegments feront entr'eux comme les cofinus des côtés adjacents.*

Pour le démontrer, qu'on prolonge les côtés AB, AD & AC jufqu'à 90 degrés. L'arc BC jufqu'aux poles où il rencontrera l'arc FEGHI qui paffe par l'extrémité des autres arcs prolongés; on aura les deux petits triangles BEF, CHI rectangle en E & en H, puifque tous les points par où paffe l'arc FEGHI font tous également éloignés du pole A. Dans le triangle BEF on a la proportion fuivante (141)

$$\text{R : fin. BF ou cof. BD : : fin. F ou cof. AD :}$$
$$\text{fin. BE ou cof. AB.}$$

& dans le triangle CHI, on a

R : fin. CI ou cof. DC : : fin. I ou cof. AD : fin.
CH ou cof. AC.

Donc, puifque les antécendens font les mêmes dans les deux proportions, on pourra dire

cof. BD : cof. DC : : cof. AB : cof. AC.

147. 4°. *Dans tout triangle fphérique obliquangle, fi d'un des angles on abbaiffe un arc perpendiculaire fur le côté oppofé, comme dans le précédent, les finus des fegmens font entr'eux comme les cotangentes des angles obliques adjacens, figure 7*.

Le triangle étant partagé en deux rectangles par l'arc perpendiculaire AD ; dans le triangle ADB on aura (142)

R : fin. BD : : tang. B : tang. AD

& dans le triangle ADC

R : fin. DC : : tang. C : tang. AD

Les extrêmes étant les mêmes dans les deux proportions fi on en établit une nouvelle avec les moyens, on aura

fin. BD : fin. DC : : tang. C : tang. B.

& comme les tangentes font en raifon inverfe avec les cotangentes (130). On pourra dire

fin. BD : fin. DC : : cot. B : cot. C.
ou fin. BD : cot. B : : fin. DC : cot. C.

148. 5°. *Dans tout triangle fphérique obliquangle,*

comme BAC, *fig.* 75. *Si on abbaisse l'arc perpendiculaire* AD, *on aura cette proportion. La tangente de la moitié du côté* BC *est à la tangente de la moitié de la somme des deux autres côtés, comme la tangente de la moitié de la différence entre ces deux côtés est à la tangente de la moitié de la différence entre les deux segmens.*

Avant que de démontrer cette proposition, nous allons établir quelques propositions qui servent à la prouver.

149. 1°. *La somme des sinus de deux arcs est à leur différence, comme la tangente de la moitié de la somme de ces arcs est à la tangente de la moitié de leur différence.*

Dans la figure 63, si on prend les deux côtés AB & AC, on aura : *La somme de ces côtés est à leur différence, comme la tangente de la moitié de la somme des angles* B & C *est à la tangente de la moitié de leur différence* (132).

Mais AB & AC étant deux cordes, elles sont comme les sinus des deux arcs qu'elles soutiennent, puisque la moitié de chacune d'elles est le sinus de la moitié de l'arc. D'ailleurs les angles B & C étant inscrits, leurs tangentes sont les mêmes que celles de la moitié des arcs qui leur sont opposés. Donc, on pourra dire la somme des sinus de deux arcs est à leur différence, comme la tangente de la moitié de la somme de ces deux arcs & à la tangente de la moitié de leur différence.

150. 2°. Il s'ensuit de cette proposition, que *la somme des cosinus de deux arcs est à leur différence, comme la co-tangente de la moitié de la somme de ces deux arcs est à la tangente de la moitié de leur différence.* Puisque d'un côté les cosinus doivent être évidemment aux co-tangentes des arcs, comme les sinus sont aux tangentes, & que de l'autre, la différence entre deux arcs est la même que celle qui se trouve entre leur complément, ce qui fait que dans la derniére proportion, le 4ᵉ terme doit rester le même que dans la précédente.

Cela étant prouvé, venons à la démonstration de la proposition énoncée (148)

151. Nous avons vu (146) que

$$\text{cos. BD} : \text{cos. DC} :: \text{cos. AB} : \text{cos. AC.}$$

Donc (arithm. 60)

$$\text{cos. BD} + \text{cos. DC} : \text{cos. BD} - \text{cos. DC} :: \text{cos. AB} + \text{cos. AC} : \text{cos. AB} - \text{cos. AC.}$$

mais puisque la somme des cosinus de deux arcs est à leur différence, comme la cotangente de la moitié de la somme des mêmes arcs est à la tangente de la moitié de leur différence, au lieu de prendre les cosinus, on pourra prendre les cotangentes de la moitié de la somme des arcs, & dire

$$\text{cot.} \frac{\text{BD} + \text{DC}}{2} ; \text{tang.} \frac{\text{BD} - \text{DC}}{2} :: \text{cot.} \frac{\text{AB} + \text{AC}}{2} ;$$

$$\text{tang.} \frac{AB-AC}{2} \text{ ou, cot. } \frac{BD+DC}{2} : \text{cot. } \frac{AB+AC}{2} ::$$

$$\text{tang.} \frac{BD-DC}{2} : \text{tang.} \frac{AB-AC}{2}$$

[...] Pr'tique d'un côté les connus, & ayant d'ailleurs nous avons [...] que les tangentes font, en raison inverse avec leurs cotangentes. Donc on aura

$$\text{tang.} \frac{BD+DC}{2} : \text{tang.} \frac{AB+AC}{2} : \text{tang.} \frac{AB-AC}{2}$$

$$\text{tang.} \frac{BD-DC}{2}$$

Cela étant prouvé, [...] de la proposition énoncé (...).

Nota. L'arc perpendiculaire tombe quelquefois en dehors du triangle, comme dans la fig. 76, ce que l'ufage apprendra dans l'application des principes; pour lors les fegmens feront DC & DB, donc la différence fera BC, & on peut, pour lors, réduire la proportion précédente à celle-ci

$$\text{tang.} \frac{BC}{2} : \text{tang.} \frac{AB+AC}{2} : \text{tang.} \frac{AB-AC}{2}$$

$$\text{tang.} \frac{BD+DC}{2}$$

Ces principes établis, nous allons paffer à la folution de quelques problèmes pour les triangles fphériques.

PROBLÊME I.

PROBLÊME I.

152. Etant donnés les deux côtés AB, AC &
l'angle B, fig. 75., trouver l'angle C.

Faites la proportion fuivante (145)

$$\text{fin. AC : fin. AB :: fin. B : fin. C.}$$

PROBLÊME II.

153. Connoiffant les deux côtés AB, AC & l'angle B; trouver le 3e. côté BC.

De l'angle A abbaiffez l'arc perpendiculaire
AD fur le côté oppofé, & vous aurez les deux
triangles rectangles ADB, ADC, cherchez d'abord
le fegment BD que vous trouverez par le triangle complémentaire en prolongeant les côtés BA &
BD, comme on a fait dans la figure 72, & vous
trouverez

$$\text{R : cof. B :: cot. BD : cot. AB}$$
$$\text{ou R : & cof. B :: tang. AB : tang. BD}$$

pour avoir le fecond fegment DC, on dira (146)

$$\text{cof. AB : cof. AC :: cof. BD : cof. DC.}$$

PROBLÊME III.

154. Connoiffant deux angles B & C, & le côté
AB, trouver le côté BC.

Ayant abbaiffé l'arc perpendiculaire AD, cherchez le premier fegment comme ci-deffus, & pour

II. Partie. E

trouver l'autre segment DC, faites la proportion suivante (147)

cot. B : sin. BD :: cot. C : sin. DC.

la somme des deux segmens donnera BC, si la perpendiculaire tombe en dedans du triangle, & si elle tombe en dehors BC sera la différence des segmens, comme on voit dans la figure 76.

PROBLÊME IV.

155. Connoissant les deux côtés AB, BC & l'angle B, trouver le 3e côté AC.

D'un des angles inconnus, abbaissez un arc perpendiculaire sur le côté opposé qui est connu, par exemple, de l'angle A sur la côté BC. Cherchez le segment BD, comme dans le second problême, en disant

R : cos. B :: tang. AB : tang. BD.

retranchez ensuite le segment BD du côté connu BC, ou l'y ajoûter si la perpendiculaire tombe en dehors, & vous aurez le segment DC. Ensuite pour avoir AC, vous ferez cette proportion (146)

cos. BD : cos. DC :: cos. AB : cos. AC.

PROBLÊME V.

156. Connoissant deux côtés de l'angle compris comme AB, BC & l'angle B, trouver un des autres angles, comme l'angle C.

De l'angle A abbaiffez l'arc perpendiculaire AD
fur BC; cherchez le fegment BD, comme pour le
fecond problême : Enfuite retranchant BD de BC,
ou l'y ajoutant, comme dans le problême précédent, vous aurez le fegment DC, & l'ayant connu
vous trouverez l'angle C par la proportion fuivante
(47)

$$\text{Sin. BD} : \text{Sin. DC} :: \text{cot. B} : \text{cot. C}$$

PROBLEME VI.

157. Connoiffant les trois côtés, trouver un des
angles, par exemple, l'angle B.

Abbaiffez l'arc perpendiculaire AD fur le côté BC
& pour avoir les deux fegmens BD & DC établif-
fez la proportion fuivante (148)

$$\text{Tang.} \frac{BC}{2} : \text{Tang.} \frac{AB+AC}{2} :: \text{Tang.} \frac{AB-AC}{2}$$
$$: \text{Tang.} \frac{BD \mp DC}{2}$$

Ayant trouvé la demi-différence il faut l'ôter de
la moitié de BC pour avoir le petit fegment, ou
l'ajoûter pour avoir le grand. Remarquez que le petit fegment doit toujours fe trouver adjacent au
plus petit côté, puifque les co-finus des fegmens font
proportionnés aux co-finus des côtés adjacens. (146)

Ayant connu le fegment BD on connoîtra facilement l'angle B par la proportion fuivante

$$\text{R} : \text{Cof. B} :: \text{Tang. AB} : \text{Tang. BD}$$

E ij

comme on a vu au 2 problème.

Si la perpendiculaire tomboit en dehors du triangle comme dans la fig. 76. Le quatriéme terme de la premiére proportion devenant $\dfrac{BD+DC}{2}$, pour avoir les deux segmens il faudroit retrancher la moitié de BC de $\dfrac{BD+DC}{2}$, ce qui donneroit BD, & l'y ajoûter pour avoir DC.

Nota. On peut encore résoudre ce problème de la maniére suivante, que nous ne ferons qu'indiquer.

Prenez la moitié de la somme des trois côtés.

De cette moitié retranchez successivement chacun des deux côtés qui comprennent l'angle cherché, ce qui donnera deux restes.

Au double du logarithme du rayon ajoûtez les logarithmes sinus de ces deux restes, & du total retranchez la somme des Logarithmes sinus des deux côtés qui comprennent l'angle cherché.

Le reste sera le logarithme du quarré du sinus de la moitié de cette angle.

Prenez la moitié de ce Logarithme restant, il vous donnera le logarithme sinus de la moitié de l'angle que vous cherchez.

PROBLEME VII.

158. Connoissant deux angles & un côté opposé

à un de ces angles, trouver le côté opposé à l'autre angle. Par exemple, connoissant B, C & AC trouver AB.

Etablissez la proportion suivante (145)

Sin. B : Sin. AC : : Sin. C : Sin. AB.

PROBLEME VIII.

159. Connoissant deux angles & un côté opposé trouver le 3ᵉ. angle. Par exemple, connoissant B, C & AB, trouver l'angle A dans le petit triangle fig. 73.

Faites le triangle supplémentaire DEF, dont vous connoîtrez les côtés DF & DE supplémens des angles B & C, & l'angle F supplément du côté AB (144)

Ensuite pour trouver l'angle A cherchez son supplément, qui est le côté EF du grand triangle, & que vous connoîtrez comme dans le second problème.

PROBLÊME IX.

160. Connoissant les deux côtés AB & AC, & un angle opposé comme C, trouver l'angle A compris entre les deux côtés que l'on connoit.

Puisqu'on connoit les côtés AB & AC du triangle ABC. On connoîtra les deux angles E & F du triangle DEF. Donc on aura l'angle A en cherchant le côté EF, comme dans le 3ᵉ problème.

PROBLEME X.

161. Connoissant les deux angles A & C, & le côté AC trouver le 3ᵉ angle B.   E iij

Les trois chofes connues dans le petit triangle
donneront dans le triangle fupplémentaire EF, DE
& l'angle E, on pourra trouver enfuite le côté DF
fupplément de l'angle B par le 4e problême.

PROBLÊME XI.

162. Connoiffant les deux angles A & C, & le
côté AC trouver l'un des autres côtés comme BC.

Dans le triangle fupplémentaire on connoîtra EF
DE & l'angle E, & pour avoir le côté BC du petit triangle, on cherchera fon fupplément qui eft
l'angle D, par le 5e problême.

PROBLÊME XII.

163. Connoiffant les 3 angles, trouver un des
côtés par exemple BC.

Puifqu'on connoît les trois angles du petit triangle ABC, on connoîtra les trois côtés du triangle
fupplémentaire DEF. On pourra donc avoir l'angle
D, fupplément du côté cherché BC par le fixiéme
problême.

FIN.

APPROBATION DU CENSEUR.

J'Ai lu par ordre de Monseigneur le Garde des Sceaux, un manuscrit ayant pour titre, *Elémens de Mathématiques*, par M. LECOQUIERRE, Professeur de Philosophie au Séminaire de Valognes ; je crois que cet ouvrage peut être utile à ceux pour lesquels il est destiné ; & d'ailleurs je n'y ai rien trouvé qui en puisse empêcher l'impression.

A Paris ce 20 Mars 1780, *Signé* MAUDUIT, Lecteur & Professeur Royal en Mathématiques.

AUTRES APPROBATIONS.

J'Ai lu un manuscrit intitulé *Elémens de Mathématiques*, & j'ai trouvé que ce traité Elémentaire étoit exact & méthodique. A Caen ce 10 Mai 1778.

Signé GADBLED, Professeur Royal de Mathématiques & d'Hydrographie.

J'Ai lu la nouvelle édition de l'ouvrage de M. LECOQUIERRE, intitulé *Elémens de Mathématiques*, &c. La première a été accueillie très-favorablement du public : il sera encore plus satisfait de celle-ci. Même clarté, même précision, même esprit de méthode : mais les augmentations faites dans cette réimpression complettent l'ouvrage. De la foule de livres Elémentaires de tout calibre qui ont paru en ce genre, & dont les trois quarts son déja noyés dans l'oubli, celui-ci sera sûrement du petit nombre de ceux qui surnageront.

A Caen ce 13 Mars 1784. *Signé* VITTREL, Professeur Royal de Mathématiques & d'Hydrographie dans l'Université de Caen.

J'Ai lu avec plaisir un ouvrage, intitulé *Elémens de Mathématiques*, &c. par M. LECOQUIERRE, ancien Professeur de Philosophie. Cet ouvrage m'a paru contenir des principes courts, clairs, méthodiques, & dont la connoissance est absolument nécessaire à quiconque veut faire une physique passable. On ne peut trop en recommander la lecture aux Etudians en Philosophie. A Caen ce 15 Mars 1784. *Signé* DUCHEMIN, Professeur de Philosophie au Collége des Arts, & Recteur de l'Université de Caen.

TABLE

DES MATIÉRES

Contenues dans la deuxiéme Partie.

FAUTES à corriger. 2ᵉ. partie.

pag. 5, lig. 19, sur le point D, lisez sur le point B.

pag. 23, ligne 23, dont l'angle AFD, lisez AFB.

PRIVILÉGE GÉNÉRAL.

LOUIS, par la grace de Dieu, Roi de France & de Navarre, A nos amés & féaux Conseillers, les Gens tenant nos Cours de Parlement, Maîtres des Requêtes ordinaires de notre Hôtel, Grand-Conseil, Prévôt de Paris, Bailiifs, Sénéchaux, leurs Lieutenans Civils & autres nos Justiciers qu'il appartiendra : SALUT. Notre amé le sieur LECOQUIERRE, Professeur de Philosophie à Valognes. Nous a fait exposer qu'il desireroit faire imprimer & donner au public *les Elémens de Mathématiques* de sa composition, s'il nous plaisoit lui accorder nos Lettres de Privilége à ce nécessaires. A CES CAUSES, voulant favorablement traiter l'Exposant, nous lui avons permis & permettons de faire imprimer ledit Ouvrage autant de fois que bon lui semblera, & de le vendre, faire vendre par tout notre Royaume. Voulons qu'il jouisse de l'effet du présent Privilége, pour lui & ses hoirs à perpétuité, pourvu qu'il ne le rétrocède à personne ; & si cependant il jugeoit à propos d'en faire une cession, l'Acte qui la contiendra sera enregistré en la Chambre Syndicale de Paris, à peine de nullité, tant du Privilége que de la cession ; & alors par le fait seul de la cession enregistrée, la durée du présent Privilége sera réduite à celle de la vie de l'Exposant, ou à celle de dix années à compter de ce jour, si l'Exposant décède avant l'expiration desdites dix années. Le tout conformément aux articles IV & V de l'Arrêt du Conseil du 30 Août 1777, portant Réglement sur la durée des Priviléges en Librairie. FAISONS défenses à tous Imprimeurs, Libraires & autres personnes de quelque qualité & condition qu'elles soient, d'en introduire d'impression étrangère dans aucun lieu de notre obéissance ; comme aussi d'imprimer ou

faire imprimer, vendre, faire vendre, débiter ni
contrefaire lesdits Ouvrages sous quelque prétexte
que ce puisse être, sans la permission expresse &
par écrit dudit Exposant, ou de celui qui le repré-
sentera, à peine de saisie & de confiscation des
exemplaires contrefaits, de six mille livres d'amende, qui ne pourra être modérée, pour la première
fois, de pareille amende & de déchéance d'état en
cas de récidive, & de tous dépens, dommages &
intérêts, conformément à l'Arrêt du Conseil du 30
Août 1777, concernant les Contrefaçons. A la charge que ces Présentes seront enregistrées tout au
long sur le Registre de la Communauté des Imprimeurs & Libraires de Paris, dans trois mois de
la date d'icelles ; que l'impression dudit Ouvrage
sera faite dans notre Royaume & non ailleurs, en
beau Papier & beau caractère, conformément aux
Réglemens de la Librairie, à peine de déchéance
du présent Privilége ; qu'avant de l'exposer en ven-
te, le manuscrit qui aura servi de copie à l'impression dudit Ouvrage sera remis dans le même
état où l'Approbation y aura été donnée ès-mains
de notre très-cher & féal Chevalier, Garde des
Sceaux de France, le sieur HUE DE MIROMENIL,
qu'il en sera ensuite remis deux exemplaires dans
notre Bibliothèque publique, un dans celle de
notre Château du Louvre, un dans celle de notre
très-cher & féal Chevalier, Chancelier de France,
le sieur DE MAUPEOU, & un dans celle dudit sieur
HUE DE MIROMENIL. Le tout à peine de nullité des
Présentes; du contenu desquelles vous mandons & en-
joignons de faire jouir ledit Exposant & ses hoirs plei-
nement & paisiblement, sans souffrir qu'il leur soit
fait aucun trouble ou empêchement. VOULONS que
la copie des Présentes qui sera imprimée tout au long
au commencement ou à la fin dudit Ouvrage, soit
tenue pour duement signifiée, & qu'aux copies col-
lationnées par l'un de nos amés & féaux Conseil-
lers-Secrétaires foi soit ajoûtée comme à l'original

COMMANDONS au premier notre Huissier ou Sergent sur ce requis, de faire pour l'exécution d'icelles, tous Actes requis & nécessaires, sans demander autre permission, & nonobstant clameur de Haro, Charte Normande, & Lettres à ce contraires. CAR tel est notre plaisir. DONNÉ à Paris le 12ᵉ jour de Janvier, l'an de grace mil sept cent quatre-vingt, & de notre règne le sixiéme.

PAR LE ROI, EN SON CONSEIL.

Signé LE BEGUE.

Regiſtré ſur le Regiſtre XXI de la Chambre Royale & Syndicale des Libraires & Imprimeurs de Paris, Nº. 1922, Folio 246. conformément aux diſpoſitions énoncées dans le préſent Privilége, & à la charge de remettre à ladite Chambre les huit Exemplaires preſcrits par l'Article CVIII du Règlement de 1723. A Paris le 21 Janvier mil ſept cent quatre-vingt.

Signé DURAND, *Adjoint.*

Regiſtré ſur le Regiſtre de la Chambre Syndicale des Libraires-Imprimeurs, Relieurs de la Ville de Caen, Folio 42, verſo. Conformément aux diſpoſitions énoncées au préſent Privilége. A Caen ce 25 Avril 1780.

Signé CAILLOT, *Adjoint.*

TABLE

DES

LOGARITHMES,

SINUS ET TANGENTES.

De 15 en 15 min. de dégré,

Et des nombres naturels jufqu'à 360.

dég.	L. Sinus.	Cofinus.	dég
0	inf. neg.	0. 000000	90°
15	7. 639816	9. 999996	45
30	7. 940842	9. 999983	30
45	8. 116926	9. 999963	15
1°	8. 241855	9. 999934	89°
15	8. 338753	9. 999897	45
30	8. 417919	9. 999851	30
45	8. 484848	9. 999797	15
2°	8. 542819	9. 999735	88°
15	8. 593948	9. 999665	45
30	8. 639680	9. 999586	30
45	8. 681043	9. 999500	15
3°	8. 718800	9. 999404	87°
15	8. 753528	9. 999301	45
30	8. 785675	9. 999189	30
45	8. 815599	9. 999069	15
4°	8. 843585	9. 998941	86°
15	8. 869868	9. 998804	45
30	8. 894643	9. 998659	30
45	8. 918073	9. 998506	15
5°	8. 940296	9. 998344	85°
15	8. 961429	9. 998174	45
30	8. 981573	9. 997996	30
45	9. 000816	9. 997822	15
6°	9. 019236	9. 997614	84°
15	9. 036896	9. 997411	45
30	9. 053859	9. 997199	30
45	9. 070176	9. 996979	15
	Cofinus.	Sinus.	83°

dég.	L. Tang.	Cotang.	dég.
0	inf. negat.	inf. positi.	90°
15	7. 639820	2. 360180	45
30	7. 940858	2. 059142	30
45	8. 116963	1. 883037	15
1°	8. 241921	1. 758079	89°
15	8. 338856	1. 661144	45
30	8. 418068	1. 581932	30
45	8. 485050	1. 514950	15
2°	8. 543084	1. 456916	88°
15	8. 594283	1. 405717	45
30	8. 640093	1. 359907	30
45	8. 681544	1. 318456	15
3°	8. 719396	1. 280604	87°
15	8. 754227	1. 245773	45
30	8. 786486	1. 213514	30
45	8. 816529	1. 183471	15
4°	8. 844644	1. 155356	86°
15	8. 871064	1. 128936	45
30	8. 895984	1. 104015	30
45	8. 919568	1. 080432	15
5°	8. 941952	1. 058048	85°
15	8. 963255	1. 036745	45
30	8. 983577	1. 016423	30
45	9. 003007	0. 996993	15
6°	9. 021620	0. 978380	84°
15	9. 039485	0. 960515	45
30	9. 056659	0. 943341	30
45	9. 073197	0. 926803	15
	Cotang.	Tang.	83°

dég.	L. Sinus.	Cosinus.	dég.
7°	9. 085894	9. 996751	83°
15	9. 101056	9. 996514	45
30	9. 115698	9. 996269	30
45	9. 129854	9. 996015	15
8°	9. 143555	9. 995753	82°
15	9. 156830	9. 995482	45
30	9. 169702	9. 995203	30
45	9. 182196	9. 994916	15
9°	9. 194332	9. 994620	81°
15	9. 206131	9. 994316	45
30	9. 217609	9. 994003	30
45	9. 228784	9. 993681	15
10°	9. 329670	9. 993351	80°
15	9. 250822	9. 993013	45
30	9. 260633	9. 992666	30
45	9. 270735	9. 992311	15
11°	9. 280599	9. 991947	79°
15	9. 290236	9. 991574	45
30	9. 299655	9. 991193	30
45	9. 308867	9. 990803	15
12°	9. 317879	9. 990404	78°
15	9. 326700	9. 989997	45
30	9. 335337	9. 989582	30
45	9. 343797	9. 989157	15
13°	9. 352088	9. 988724	77°
15	9. 360215	9. 988282	45
30	9. 368185	9. 987832	30
45	9. 376003	9. 987372	15
	Cosinus.	Sinus.	76

dég.	Tang.	Cotang.	dég.
7°	9. 089144	0. 910856	83°
15	9. 104542	0. 895458	45
30	9. 119429	0. 880571	30
45	9. 133839	0. 866161	15
8°	9. 147803	0. 852197	82°
15	9. 161347	0. 838653	45
30	9. 174499	0. 825501	30
45	9. 187280	0. 812720	15
9°	9. 199713	0. 800287	81°
15	9. 211815	0. 788185	45
30	9. 223607	0. 776393	30
45	9. 235103	0. 764897	15
10°	9. 246319	0. 753681	80°
15	9. 257269	0. 742731	45
30	9. 267967	0. 732033	30
45	9. 278424	0. 721576	15
11°	9. 288652	0. 711348	79°
15	9. 298662	0. 701338	45
30	9. 308463	0. 691537	30
45	9. 318064	0. 681936	15
12°	9. 327474	0. 672525	78°
15	9. 336702	0. 663298	45
30	9. 345755	0. 654245	30
45	9. 354640	0. 645360	15
13°	9. 363364	0. 636636	77°
15	9. 371933	0. 628067	45
30	9. 380354	0. 619646	30
45	9. 388631	0. 611369	15
	Cotang.	Tang.	76°

dég.	Sinus.	Cosinus.	dég.
14°	9. 383675	9. 986904	76°
15	9. 391206	9. 986427	45
30	9. 398600	9. 985942	30
45	9. 405862	9. 985447	15
15°	9. 412996	9. 984944	75°
15	9. 420007	9. 984432	45
30	9. 426899	9. 983911	30
45	9. 433675	9. 983381	15
16°	9. 440338	9. 982842	74°
15	9. 446893	9. 982294	45
30	9. 453342	9. 981737	30
45	9. 459688	9. 981171	15
17°	9. 465935	9. 980596	73°
15	9. 472086	9. 980012	45
30	9. 478142	9. 979420	30
45	9. 484107	9. 978817	15
18°	9. 489982	9. 978206	72°
15	9. 495772	9. 977586	45
30	9. 501476	9. 976957	30
45	9. 507099	9. 976218	15
19°	9. 512642	9. 975670	71°
15	9. 518107	9. 975013	45
30	9. 523495	9. 974347	30
45	9. 528810	9. 973671	15
20°	9. 534052	9. 972986	70°
15	9. 539223	9. 972291	45
30	9. 544325	9. 971588	30
45	9. 549360	9. 970874	15
	Cosinus.	Sinus.	69°

dég.	Tang.	Cotang.	dég.
14°	9. 396771	0. 603229	76°
15	9. 404778	0. 595222	45
30	9. 412658	0. 587342	30
45	9. 420415	0. 579585	15
15°	9. 428052	0. 571948	75°
15	9. 435576	0. 564424	45
30	9. 442988	0. 557012	30
45	9. 450294	0. 549706	15
16°	9. 457496	0. 542504	74°
15	9. 464599	0. 535401	45
30	9. 471605	0. 528396	30
45	9. 478517	0. 521483	15
17°	9. 485339	0. 514661	73°
15	9. 492073	0. 507927	45
30	9. 498722	0. 501278	30
45	9. 505288	0. 494711	15
18°	9. 511776	0. 488224	72°
15	9. 518186	0. 481814	45
30	9. 524520	0. 475480	30
45	9. 530781	0. 469219	15
19°	9. 536972	0. 463028	71°
15	9. 543094	0. 446906	45
30	9. 549149	0. 450851	30
45	9. 555139	0. 444861	15
20°	9. 561066	0. 438934	70°
15	9. 566932	0. 433068	45
30	9. 572738	0. 427262	30
45	9. 578486	0. 421514	15

| | Cotang. | - | Tang. | 69° |

dég.	Sinus.	Cosinus.	dég.
21°	9. 554329	9. 970152	69°
15	9. 559234	9. 969420	45
30	9. 564075	9. 968678	30
45	9. 568856	9. 967927	15
22°	9. 573575	9. 967166	68°
15	9. 578236	9. 966395	45
30	9. 582840	9. 965615	30
45	9. 587386	9. 964826	15
23°	9. 591878	9. 964026	67°
15	9. 596315	9. 963217	45
30	9. 600700	9. 962398	30
45	9. 605032	9. 961569	15
24°	9. 609313	9. 960730	66°
15	9. 613545	9. 959882	45
30	9. 617727	9. 959023	30
45	9. 621861	9. 958154	15
25°	9. 625948	9. 957276	65°
15	9. 629989	9. 956387	45
30	9. 633984	9. 955488	30
45	9. 637934	9. 954579	15
26°	9. 641842	9. 953660	64°
15	9. 645706	9. 952731	45
30	9. 649527	9. 951791	30
45	9. 653308	9. 950841	15
27°	9. 671609	9. 949881	63°
15	9. 675155	9. 948910	45
30	9. 678663	9. 947929	30
45	9. 682135	9. 946937	15
	Cosinus.	Sinus.	62°

dég.	Tang.	Cotang.	dég.
21°	9. 584177	0. 415823	69°
15	9. 589814	0. 410186	45
30	9. 595398	0. 404602	30
45	9. 600929	0. 399071	15
22°	9. 606410	0. 393590	68°
15	9. 611841	0. 388159	45
30	9. 617224	0. 382776	30
45	9. 622561	0. 377439	15
23°	9. 627852	0. 372148	67°
15	9. 633099	0. 366901	45
30	9. 638302	0. 361698	30
45	9. 643463	0. 356537	15
24°	9. 648583	0. 351417	66°
15	9. 653663	0. 346337	45
30	9. 658704	0. 341296	30
45	9. 663707	0. 336293	15
25°	9. 668673	0. 331327	65°
15	9. 673602	0. 326398	45
30	9. 678496	0. 321504	30
45	9. 683356	0. 316644	15
26°	9. 688182	0. 311818	64°
15	9. 692975	0. 307025	45
30	9. 697736	0. 302264	30
45	9. 702466	0. 297534	15
27°	9. 707166	0. 292834	63°
15	9. 711836	0. 288164	45
30	9. 716477	0. 283523	30
45	9. 721089	0. 278911	15
	Cotang.	Tang.	62°

deg.	Sinus.	Cosinus.	deg.
28°	9. 671609	9. 945935	62°
15	9. 675155	9. 944922	45
30	9. 678663	9. 943899	30
45	9. 682135	9. 942864	15
29°	9. 685571	9. 941819	61°
15	9. 688972	9. 940763	45
30	9. 692339	9. 939697	30
45	9. 695671	9. 938619	15
30°	9. 698970	9. 937531	60°
15	9. 702236	9. 936431	45
30	9. 705469	9. 935320	30
45	9. 708670	9. 934199	15
31°	9. 711839	9. 933066	59°
15	9. 714978	9. 931921	45
30	9. 718085	9. 930766	30
45	9. 721162	9. 929599	15
32°	9. 724210	9. 928420	58°
15	9. 727228	9. 927231	45
30	9. 730217	9. 926029	30
45	9. 733177	9. 924816	15
33°	9. 736109	9. 923591	57°
15	9. 739013	9. 922355	45
30	9. 741889	9. 921107	30
45	9. 744739	9. 919846	15
34°	9. 747562	9. 918574	56°
15	9. 750358	9. 917290	45
30	9. 753128	9. 915994	30
45	9. 755872	9. 914685	15
	Cosinus.	Sinus.	55°

dég.	Tang.	Cotang.	dég.
28°	9. 725674	0. 274326	62°
15	9. 730232	0. 269767	45
30	9. 734764	0. 265236	30
45	9. 739271	0. 260729	15
29°	9. 743752	0. 256248	61°
15	9. 748209	0. 251791	45
30	9. 752642	0. 247358	30
45	9. 757052	0. 242948	15
30°	9. 761439	0. 238561	60°
15	9. 765805	0. 234195	45
30	9. 770148	0. 229852	30
45	9. 774471	0. 225529	15
31°	9. 778774	0. 221226	59°
15	9. 783056	0. 216944	45
30	9. 787319	0. 212681	30
45	9. 791563	0. 208437	15
32°	9. 795789	0. 204211	58°
15	9. 799997	0. 200003	45
30	9. 804187	0. 195813	30
45	9. 808361	0. 191639	15
33°	9. 812517	0. 187483	57°
15	9. 816658	0. 183342	45
30	9. 820783	0. 179217	30
45	9. 824893	0. 175107	15
34°	9. 828987	0. 171013	56°
15	9. 833068	0. 166932	45
30	9. 837134	0. 162866	30
45	9. 841187	0. 158813	15
	Cotang.	Tang.	55°

dég.	Sinus.	Cosinus	dég.
35°	9. 758591	9. 913365	55°
15	9. 761285	9. 912031	45
30	9. 763954	9. 910686	30
45	9. 766598	9. 909328	15
36°	9. 769219	9. 907958	54°
15	9. 771815	9. 906575	45
30	9. 774388	9. 905179	30
45	9. 776937	9. 903770	15
37°	9. 779463	9. 902349	53°
15	9. 781966	9. 900914	45
30	9. 784447	9. 899467	30
45	9. 786906	9. 898000	15
38°	9. 789342	9. 896532	52°
15	9. 791758	9. 895045	45
30	9. 794150	9. 893544	30
45	9. 796521	9. 892030	15
39°	9. 798872	9. 890503	51°
15	9. 801201	9. 888961	45
30	9. 803511	9. 887406	30
45	9. 805799	9. 885837	15
40°	9. 808067	9. 884254	50°
15	9. 810316	9. 882657	45
30	9. 812544	9. 881046	30
45	9. 814753	9. 879420	15
41°	9. 816943	9. 877780	49°
15	9. 819113	9. 876125	45
30	9. 821265	9. 874456	30
45	9. 823397	9. 872772	15
	Cosinus.	Sinus.	48°

dég.	Tang.	Cotang.	dég.
35°	9. 845227	0. 154773	55°
15	9. 849254	0. 150746	45
30	9. 853268	0. 146732	30
45	9. 857270	0. 142730	15
36°	9. 769219	0. 138739	54°
15	9. 771815	0. 134760	45
30	9. 774388	0. 130791	30
45	9. 776937	0. 126833	15
37°	9. 779463	0. 122886	53°
15	9. 781966	0. 118948	45
30	9. 784447	0. 115020	30
45	9. 786906	0. 111100	15
38°	9. 789342	0. 107190	52°
15	9. 791758	0. 103288	45
30	9. 794150	0. 099395	30
45	9. 796521	0. 095509	15
39°	9. 908569	0. 091631	51°
15	9. 912240	0. 087760	45
30	9. 916104	0. 083896	30
45	9. 919962	0. 080038	15
40°	9. 923814	0. 076186	50°
15	9. 927659	0. 072341	45
30	9. 931499	0. 068501	30
45	9. 935333	0. 064667	15
41°	9. 939163	0. 060837	49°
15	9. 942988	0. 057012	45
30	9. 946808	0. 053192	30
45	9. 950626	0. 049375	15
	Cotang.	Tang.	48°

dig.	Sinus.	Cosinus.	dig.
42°	9. 825511	9. 871073	48°
15	9. 827606	9. 869360	45
30	9. 829683	9. 867631	30
45	9. 831742	9. 865887	15
43°	9. 833783	9. 864127	47°
15	9. 835807	9. 862353	45
30	9. 837812	9. 860562	30
45	9. 839800	9. 858756	15
44°	9. 841771	9. 856934	46°
15	9. 843725	9. 855096	45
30	9. 845662	9. 853242	30
45	9. 847582	9. 851372	15
45°	9. 849485	9. 849485	45°

| | Cosinus. | Sinus. | |

dég.	Tang.	Cotang.	dég.
42°	9. 954447	0. 045563	48°
15	9. 958247	0. 041753	45
30	9. 962052	0. 037948	30
45	9. 965855	0. 034145	15
43°	9. 969656	0. 030344	47°
15	9. 973454	0. 026546	45
30	9. 977250	0. 022750	30
45	9. 981044	0. 018956	15
44°	9. 984837	0. 015163	46°
15	9. 988629	0. 011371	45
30	9. 992420	0. 007580	30
45	9. 996210	0. 003790	15
45°	0. 000000	0. 000000	45°

Cotang.   Tang.

NOMBRES NATURELS.

1	0. 000000	31	1. 491362
2	0. 301030	32	1. 505150
3	0. 477121	33	1. 518514
4	0. 602060	34	1. 531479
5	0. 698970	35	1. 544068
6	0. 778151	36	1. 556303
7	0. 845098	37	1. 568202
8	0. 903090	38	1. 579784
9	0. 954242	39	1. 591065
10	1. 000000	40	1. 602060
11	1. 041393	41	1. 612784
12	1. 079181	42	1. 623249
13	1. 113943	43	1. 633468
14	1. 146128	44	1. 643453
15	1. 176091	45	1. 653212
16	1. 204120	46	1. 662758
17	1. 230449	47	1. 672098
18	1. 255273	48	1. 681241
19	1. 278754	49	1. 690196
20	1. 301030	50	1. 698970
21	1. 322219	51	1. 707570
22	1. 342423	52	1. 716003
23	1. 361728	53	1. 724276
24	1. 380211	54	1. 732394
25	1. 397940	55	1. 740363
26	1. 414973	56	1. 748188
27	1. 431364	57	1. 755875
28	1. 447158	58	1. 763428
29	1. 462398	59	1. 770852
30	1. 477121	60	1. 778151

	Nombres		Naturels.
61	1. 785330	91	1. 959041
62	1. 792392	92	1. 963788
63	1. 799341	93	1. 968483
64	1. 806180	94	1. 973128
65	1. 812913	95	1. 977724
66	1. 819544	96	1. 982271
67	1. 826075	97	1. 686772
68	1. 832509	98	1. 991226
69	1. 838849	99	1. 995635
70	1. 845098	100	2. 000000
71	1. 851258	101	2. 004321
72	1. 857332	102	2. 008600
73	1. 863323	103	2. 012837
74	1. 869232	104	2. 017033
75	1. 875061	105	2. 021189
76	1. 880814	106	2. 025306
77	1. 886491	107	2. 029384
78	1. 892095	108	2. 033424
79	1. 897627	109	2. 037426
80	1. 903090	110	2. 041393
81	1. 908485	111	2. 045323
82	1. 913814	112	2. 049218
83	1. 919078	113	2. 053078
84	1. 924279	114	2. 056905
85	1. 929419	115	2. 060698
86	1. 934498	116	2. 064458
87	1. 939519	117	2. 068186
88	1. 944483	118	2. 071882
89	1. 949390	119	2. 075547
90	1. 954243	120	2. 079181

121	2. 082785	151	2. 178977
122	2. 086360	152	2. 181844
123	2. 089905	153	2. 184691
124	2. 093422	154	2. 187521
125	2. 096910	155	2. 190332
126	2. 100371	156	2. 193125
127	2. 103804	157	2. 195900
128	2. 107210	158	2. 198657
129	2. 110590	159	2. 201397
130	2. 113943	160	2. 204120
130	2. 117271	161	2. 206826
132	2. 120574	162	2. 209515
133	2. 123852	163	2. 212188
134	2. 127105	164	2. 214844
135	2. 130334	165	2. 217484
136	2. 133539	166	2. 220108
137	2. 136721	167	2. 222716
138	2. 139879	168	2. 225309
139	2. 143015	169	2. 227887
140	2. 146128	170	2. 230449
141	2. 149219	171	2. 232996
142	2. 152288	172	2. 235528
143	2. 155336	173	2. 238046
144	2. 158362	174	2. 240549
145	2. 161368	175	2. 243038
146	2. 164353	176	2. 245513
147	2. 167317	177	2. 247973
148	2. 170262	178	2. 250420
149	2. 173186	179	2. 252853
150	2. 176091	180	2. 255273

	Nombres		Naturels.
181	2. 257679	211	2. 324282
182	2. 260071	212	2. 326336
183	2. 262451	213	2. 328380
184	2. 264818	214	2. 330414
185	2. 267172	215	2. 332438
186	2. 269513	216	2. 334454
187	2. 271842	217	2. 336460
188	2. 274158	218	2. 338456
189	2. 276462	219	2. 340444
190	2. 278754	220	2. 342423
191	2. 281033	221	2. 344392
192	2. 283301	222	2. 346353
193	2. 285557	223	2. 349305
194	2. 287802	224	2. 350248
195	2. 290035	225	2. 352183
196	2. 292256	226	2. 354108
197	2. 294466	227	2. 356026
198	2. 296665	228	2. 357935
199	2. 298853	229	2. 359835
200	2. 301030	230	2. 361728
201	2. 303196	231	2. 363612
202	2. 305351	232	2. 365488
203	2. 307496	233	2. 367356
204	2. 309630	234	2. 369216
205	2. 311754	235	2. 371068
206	2. 313867	236	2. 372912
207	2. 315970	237	2. 374748
208	2. 318063	238	2. 376577
209	2. 320146	239	2. 378398
210	2. 322219	240	2. 380211

	Nombres		Naturels.
241	2. 382017	271	2. 432969
242	2. 383815	272	2. 434169
243	2. 385606	273	2. 436163
244	2. 387390	274	2. 437731
245	2. 389166	275	2. 439333
246	2. 390935	276	2. 440909
247	2. 392697	277	2. 442480
248	2. 394452	278	2. 444045
249	2. 396199	279	2. 445604
250	2. 397940	280	2. 447158
251	2. 399674	281	2. 448706
252	2. 401400	282	2. 450249
253	2. 403121	283	2. 451786
254	2. 404834	284	2. 453318
255	2. 406540	285	2. 454845
255	2. 408240	286	2. 456366
257	2. 409933	287	2. 457882
258	2. 411620	288	2. 459392
259	2. 413300	289	2. 460898
260	2. 414973	290	2. 462398
261	2. 416641	291	2. 463893
262	2. 418301	292	2. 465383
263	2. 419956	293	2. 466868
264	2. 421604	294	2. 468347
265	2. 423246	295	2. 469822
266	2. 424882	296	2. 471292
267	2. 426511	297	2. 472716
268	2. 428135	298	2. 474216
269	2. 429752	299	2. 475671
270	2. 431364	300	2. 477121

	Nombres		Naturels.
301	2. 478566	331	2. 519828
302	2. 480007	332	2. 521138
303	2. 481443	333	2. 522444
304	2. 482874	334	2. 523746
305	2. 484300	335	2. 525045
306	2. 485721	336	2. 526339
307	2. 487138	337	2. 527630
308	2. 488551	338	2. 528917
309	2. 489958	339	2. 530200
310	2. 491362	340	2. 531479
311	2. 492760	341	2. 532754
312	2. 494155	342	2. 534026
313	2. 495544	343	2. 535294
314	2. 496930	344	2. 536558
315	2. 498311	345	2. 537819
316	2. 499687	346	2. 539076
317	2. 501059	447	2. 540329
318	2. 502427	348	2. 541579
319	2. 503791	349	2. 542825
320	2. 505150	350	2. 544068
321	2. 506505	351	2. 545307
322	2. 507856	352	2. 546543
323	2. 509203	353	2. 547775
324	2. 510545	354	2. 549003
325	2. 511883	355	2. 550228
326	2. 513218	356	2. 551450
327	2. 514548	357	2. 552668
328	2. 515874	358	2. 553883
329	2. 517196	359	2. 555094
330	2. 518514	360	2. 556303

Pl. I.

Fig. 3.

Fig. 7.

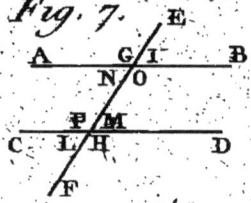

Fig. 10.

Fig. 13.

Fig. 14.

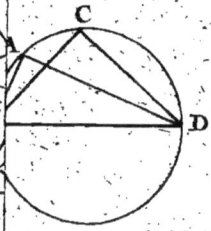

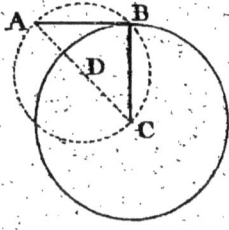

Fig. 17.

Fig. 21.

Fig. 22.

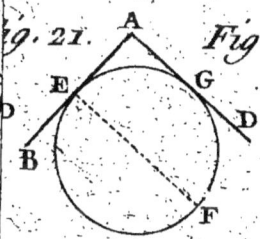

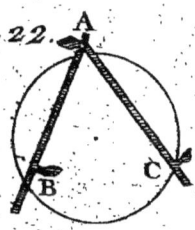

Fig. 26.

Fig. 30.

Fig. 31.

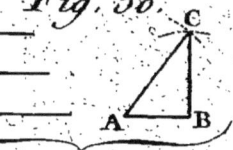

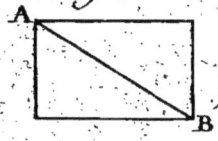

Fig. 34.

Fig. 37.

Fig. 38.

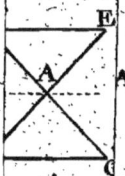

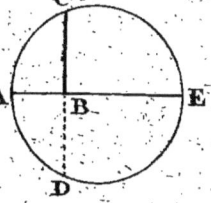

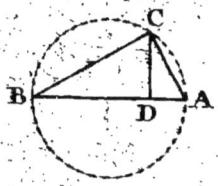

Piquet Sculp.

Pl. II.

Fig. 45. *Fig. 46.*

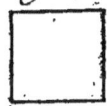 

Fig. 41. *Fig. 47.* *Fig. 48.* *Fig. 49.*

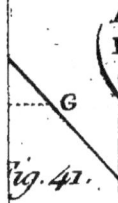 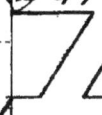 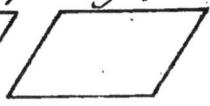 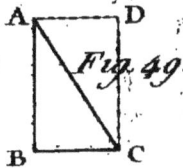

Fig. 55. *Fig. 56.*

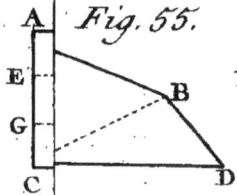 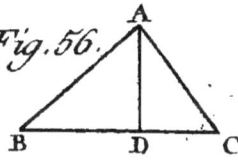

Fig. 58. *Fig. 61.*

 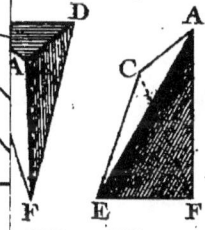 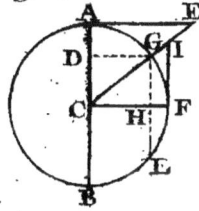

Fig. *Fig. 68.*

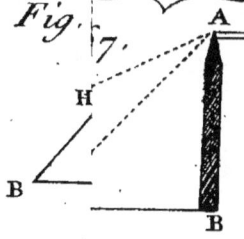 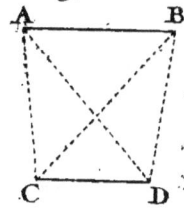

Fig. 71. *Fig. 74.* *Fig. 75.* *Fig. 76.*

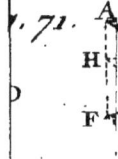 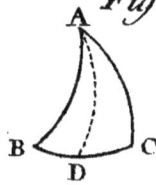 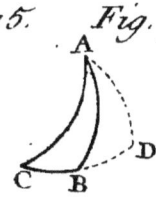

www.ingramcontent.com/pod-product-compliance
Lightning Source LLC
Chambersburg PA
CBHW071804090426
42737CB00012B/1950